基金项目

北京市教师队伍建设——青年英才项目

（项目编号：YETP1417）

北京服装学院校级重点科研项目——我国时尚品牌投融资模式研究

（项目编号：2018A-07）

经济学学术前沿书系
ACADEMIC FRONTIER
ECONOMICS BOOK SERIES

对外直接投资政治风险的测评及影响因素研究

以中国企业为例

丁　锋◎著

经济日报出版社

图书在版编目（CIP）数据

对外直接投资政治风险的测评及影响因素研究：以中国企业为例／丁锋著．--北京：经济日报出版社，2022.3

ISBN 978-7-5196-1064-7

Ⅰ．①对… Ⅱ．①丁… Ⅲ．①企业-对外投资-直接投资-风险管理-研究-中国 Ⅳ．①F279.23

中国版本图书馆CIP数据核字（2022）第043380号

对外直接投资政治风险的测评及影响因素研究：以中国企业为例

作　　者	丁　锋
责任编辑	王　含
责任校对	王　心
出版发行	经济日报出版社
地　　址	北京市西城区白纸坊东街2号A座综合楼710（邮政编码：100054）
电　　话	010-63567684（总编室）
	010-63584556（财经编辑部）
	010-63567687（企业与企业家史编辑部）
	010-63567683（经济与管理学术编辑部）
	010-63538621　63567692（发行部）
网　　址	www.edpbook.com.cn
E-mail	edpbook@126.com
经　　销	全国新华书店
印　　刷	北京建宏印刷有限公司
开　　本	710毫米×1000毫米　1/16
印　　张	12.75
字　　数	150千字
版　　次	2022年3月第1版
印　　次	2022年3月第1次印刷
书　　号	ISBN 978-7-5196-1064-7
定　　价	58.00元

序　言

截至2017年末，中国对外直接投资存量18090.4亿美元，中国对外投资存量规模升至全球第二，占全球外国直接投资存量份额的5.9%，分布在全球189个国家和地区，并且其增速连续多年保持10%以上。随着海外投资的高速增长，对外投资将成为经济增长的新引擎，如何有效且低成本地保护中国的海外利益成为学术界关注的课题。但由于中国企业对外直接投资起步较晚，企业遭遇各种外部风险，导致其损失惨重，尤其以东道国政治风险的破坏力和影响力最为强大。

目前国内外的研究大多集中于中国对外直接投资个案的探讨，无从得知全貌，即中国整体对外直接投资的政治风险的量度，中国对外直接投资政治风险与世界其他国家相比是否高出许多？

首先，本书通过梳理国内外对外直接投资政治风险的文献，构建中国企业对外投资的政治风险指数，这对于中国企业如何进行对外投资的风险评估、合理选择目标市场以及理性对外投资等研究具有一定的借鉴意义和参考价值。其次，本书通过对对外直接投资区位选择的分析，认为不同的企业所有制对外部制度因素的反应程度不同，这为研究中国跨国企业对外直接投资的行为提供了有益借鉴。再次，本书还通过分析企业所有制如何适应东道国制度因素与对外直接投资区位决策之间的关系这一问题，丰富了制度理论。最后，本书认为，即使投资主体来自同一个国家，但因其自身特点，在东道国可能面临不同的风险，这一观点对政治风险的研究同样具有重要的理论意义。

本书创新点主要体现在 3 个方面：（1）结合世界各国对外直接投资政治风险指数与中国对外直接投资数据，建立了中国对外直接投资政治风险指数；（2）提出了企业所有制对中国对外直接投资政治风险的调节效用；（3）构建了对外援助对企业对外直接投资政治风险的管控机制。

本书研究内容包括如下 8 个方面：

第一，阐述本研究的背景和意义。详细介绍了本书的研究背景和选题意义，对本书的研究内容、研究方法和相关概念进行了界定；此外，介绍了本书的研究思路、研究方法和主要创新。

第二，回顾了对外直接投资和政治风险领域的相关文献并进行综述。从对外直接投资的经济因素、政治因素、母国因素以及政治风险指标等角度系统回顾、梳理了相关文献，为后续研究提供了坚实的基础。

第三，阐述了研究中涉及的相关理论和主要分析模型。相关理论包括比较优势理论、市场内部化理论、产品生命周期直接投资理论、国际生产折衷理论、外来者劣势理论和制度经济学理论。主要分析模型包括主成分分析模型、条件逻辑回归模型和结构方程模型。

第四，梳理了研究中涉及的国家风险和政治风险等相关概念，界定了政治风险的内涵并提出其测评方法。

第五，利用主成分分析法，构建了中国对外直接投资政治风险指标，用以测评 2003 ~ 2017 年中国企业对外直接投资的整体政治风险，并对世界 153 个国家进行比较，详细分析世界各国政治风险排名，为中国制定对外投资政策提供一个基于数据的参考依据。通过实证分析得出，中国对于高风险国家的投资比例不高，中国企业在对外直接投资中是政治风险趋避者。具体而言，2003 ~ 2006 年，中国对外直接投资政治风险偏高，与世界其他国家的差距较大。但中国在累积一定的投资经验之后，开始重视政治风险，向低风险国家转移投资，中国与世界其他国家相比较差距缩小，至 2009 年已基本与国际社会持平。但 2009 年全球金融危机后，中国与世界其他国家相比，对外直接投资政治风险仍然偏高并且差距基本保持稳定。

第六，研究不同企业所有制是如何影响政治风险以及中国跨国企业的区位选择。影响一国企业对外直接投资政治风险的因素很多，包含企业层面、产业层面、政策层面以及国际层面等。企业本身在资源和能力禀赋上的异质性，会影响其应对海外东道国政治风险的能力，而国有企业在中国对外直接投资存量中，始终占有主要份额，因此，本书重点研究了企业所有制结构这一典型异质性对对外直接投资中政治风险的作用以及中国跨国企业的区位选择。针对中国企业对外直接投资政治风险高于世界其他国家平均水平的现象，本书围绕企业所有制结构，利用 186 家分布于 93 个国家的中国对外直接投资公司的决策数据，分析得出国有公司以非传统的方式对待政治风险，国有企业在对外直接投资中敢于承受更高的政治风险，国有企业在对外投资中更加偏好于高政治风险的国家，同时，政府的支持使这些国有企业不注重自己和其他企业在东道国的过往经验。

第七，分析了对外援助对于企业对外直接投资政治风险的管控机制。利用结构方程式，对 2003 ~ 2017 年 145 个样本国家的政治风险进行了探讨，验证了中国外援和美国外援对世界各国政治风险和对外直接投资的影响，即均可降低跨国直接投资的政治风险。美国外援对中国企业跨国直接投资的贡献较低，只是美国外援对其他国家跨国企业贡献的一半。相比较而言，中国外援对中国企业海外直接投资的贡献率，是对其他国家企业的 7 倍之多，中国外援可以更好地为中国企业“走出去”铺路。中国外援不仅有利于巩固投资国与东道国双边政治关系，同时中国还可借由外援执行计划的审核，即时洞悉该受援国的政治经济局势变化，从而为企业对外直接投资发挥保障作用。中国政府通过对外援助和签订双边投资协议的方式，管控中国企业对外直接投资的政治风险。

第八，归纳结论并提出政策建议。在总结全文研究的基础上，从政府和企业两个角度提出针对性建议和思考。政府方面：其一，政府间可以建立良好的政治关系，大力实施“一带一路”倡议，加强政府间合作，以降低政治风险。其二，政府积极签订双边或多边投资保护协定，在未来一定时间内使双方保持较为稳定的关系，使企业一定程度上规避政治风险。其三，由政府主导，引导企业共同参与，从评估、预警与监管等各个方面构建完善的风险评估预警体系，为企业的可持续发展奠定良好的基础。其四，鼓励企业开拓投资产业、区域，预防企业间过度竞争，加大企业间的相互合作，共同营造一个良好的投资环境。其五，在对外投资中充分运用PPP模式，国有企业、私有企业和外资企业可以以合营的模式进入东道国市场，以降低国有企业的敏感度，同时降低投资风险。企业方面：其一，企业在投资前应该详细了解东道国法律制度、政治风险、经济水平、文化习俗等各个方面的问题，避免盲目跟风，切实做到理性投资。其二，加大力度，引入熟悉东道国贸易规则、法律法规的优秀人才。其三，为了规避东道国政治风险，企业应积极采取多元化、本土化经营模式。其四，适当承担社会责任，重视培养东道国人才和保护当地环境。其五，充分利用国有企业的主体优势，因为国有企业更有利于得到中国政府的扶持，并且国有企业一般具有较为丰富的与东道国政府沟通、对外投资的经验。

为了控制和降低对外直接投资的政治风险，政府通常展开两个方面的经济外交行动，分别是外援与投资协议。由于数据不完整以及篇幅限制，本书只分析了外援与对外直接投资、政治风险的关系，未探讨投资协议与政治风险的关系。另外，文化差异性也是造成对外直接投资政治风险的重要原因，本书未在文化差异性方面展开论述。这些重要方面，需要作者在后续的研究中继续完善和补充。

目　录

CONTENTS

1 引 言

1.1 研究背景

1.1.1 中国对外直接投资快速增长且规模巨大

截至 2017 年底，中国已有 2.55 万家境内投资者在国（境）外设立对外直接投资（OFDI）企业近 3.92 万家，分布在全球 189 个国家和地区。对外直接投资累计净额（存量）为 18090.4 亿美元，为 2002 年对外直接投资净额的 670 倍，对外直接投资净额世界排名由 2002 年的第 26 位上升到 2015 年的第 2 位，并且 2015 年和 2016 年连续两年位列全球第二大对外投资国。2017 年中国政府加强对企业对外投资的真实性、合规性审查，市场

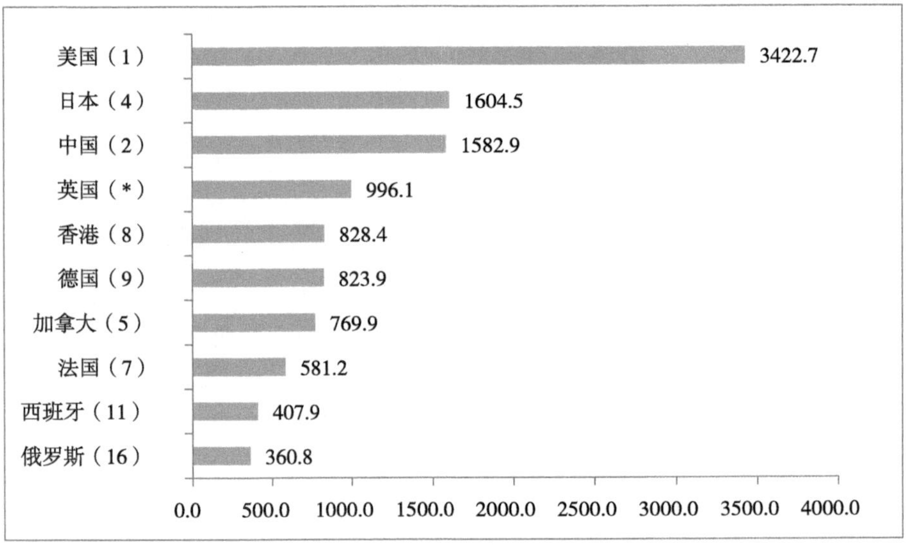

图 1.1 2017 年全球前十大对外直接投资（流量）国家（地区）（单位：亿美元）

说明：纵轴括号内的数字为 2016 年的排名，* 表示为流量为负。

数据来源：中国数据来自《2017 年度中国对外直接投资统计公报》，其他国家（地区）数据来自 UNCTA。

主体对外投资更趋成熟和回归理性，中国对外直接投资首呈负增长，但仍以 1582.9 亿美元位列全球第三。

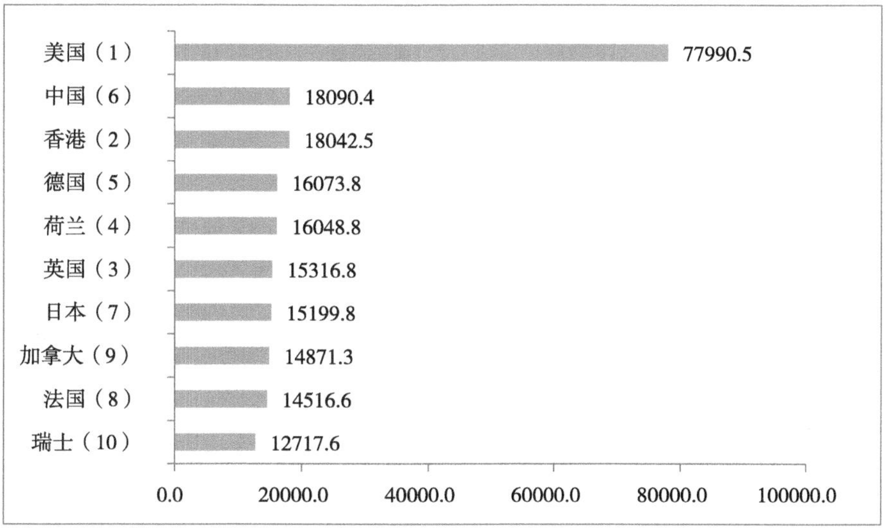

图 1.2 2017 年全球前十大对外直接投资（存量）国家（地区）（单位：亿美元）

说明：纵轴括号内的数字为 2016 年的排名。

数据来源：中国数据来自《2017 年度中国对外直接投资统计公报》，其他国家（地区）数据来自 UNCTAD。

2017 年，中国对外直接投资 1582.9 亿美元，比 2016 年同期下降 19.3%。自 2003 年中国公布年度统计数据以来，中国第一次出现负增长，但仍然是历史上第二高位，连续两年占据全球份额的 10% 以上。中国对外投资对全球外商直接投资的影响不断扩大，2017 年中国对外投资的规模仅次于美国（3422.7 亿美元）和日本（1604.5 亿美元），位居世界第三，比 2016 年下降一位。从双向投资的角度看，中国对外直接投资流量已连续 3 年高于吸引外商直接投资流量。

联合国贸发会议（UNCTAD）《2018 世界投资报告》显示，2017 年全球外国直接投资流量 1.43 万亿美元，年末存量 30.84 万亿美元。以此为基数计算，2017 年中国对外直接投资分别占全球当年流量、存量的 11.1% 和 5.9%，流量位列按全球国家（地区）排名的第 3 位，占比较 2016 年下降了 2.4 个百分点，存量由 2016 年的第 6 位跃升至第 2 位，占比提升了 0.7 个百分点。

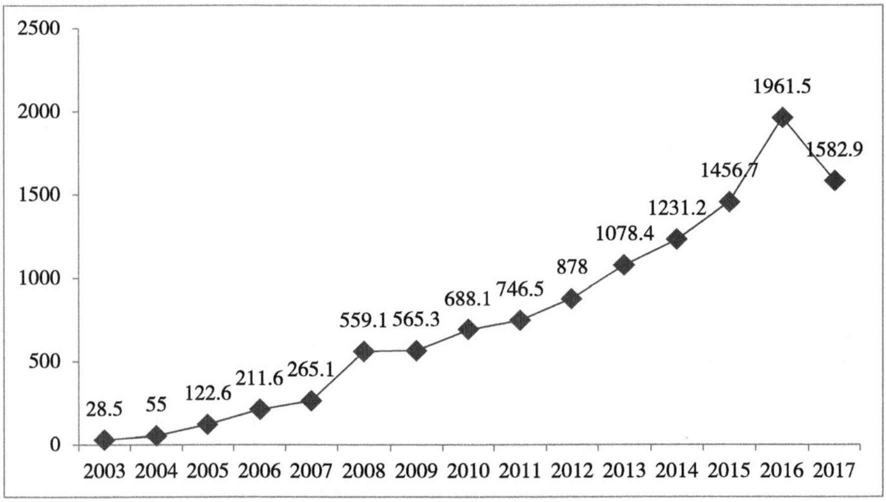

图 1.3　2003～2017 年中国对外直接投资流量情况（单位：亿美元）

数据来源：根据《2017 年度中国对外直接投资统计公报》整理。

2017 年，全球经济增长速度达到 3%，货物贸易增长 4.7%，均创下 2011 年以来最快增速。而全球外国直接投资则在 2016 年、2017 年连续两年下降，2017 年跨境并购及已宣布的绿地投资金额分别下降 22% 和 14%。中国企业对外投资增速放缓，结构进一步优化。

中国对外直接投资存量的八成分布在发展中经济体。2017 年年末，中国在发展中经济体的投资存量为 15524.18 亿美元，占 85.8%，其中中国香港 9812.66 亿美元，占发展中经济体投资存量的 63.2%；东盟 890.14 亿美元，占 5.7%。中国在发达经济体投资存量 2291.29 亿美元，占 12.7%，其中欧盟 860.15 亿美元，占在发达经济体投资存量的 37.5%；美国 673.81 亿美元，占 29.4%；澳大利亚 361.75 亿美元，占 15.8%。中国在转型经济体[①]

① 转型经济体包括：东南欧、独联体和格鲁吉亚。东南欧包括阿尔巴尼亚、波斯尼亚和黑塞哥维纳、塞尔维亚、黑山、马其顿共和国。独联体包括：亚美尼亚、阿塞拜疆、白俄罗斯、吉尔吉斯斯坦、摩尔多瓦、俄罗斯联邦、乌克兰、塔吉克斯坦、哈萨克斯坦、土库曼斯坦、乌兹别克斯坦。

的直接投资存量 274.93 亿美元，占存量总额的 1.5%。中国对"一带一路"沿线国家的直接投资存量为 1543.98 亿美元，占中国对外直接投资存量的 8.5%。中国对外直接投资存量前 20 位的国家（地区）累计达到 16568.03 亿美元，占中国对外直接投资存量的 91.6%。

1.1.2 "走出去"战略和"一带一路"倡议进一步推进中国对外直接投资

2002 年，中国正式提出了"走出去"战略。"走出去"主要是指中国的产品、服务、资本、技术、劳动力、管理以及中国企业本身走向国际市场，参与投资或者开展合作。这种战略又称为国际化经营战略、海外经营战略或者是全球化经营战略。"走出去"是相对于"引进来"而言的，并作为它的更高层次进一步发展。这个战略分为两个层次：第一个层次是商品输出，主要是货物、技术、管理等商品和要素的输出，涉及货物贸易、服务贸易、技术贸易以及劳务等方面；第二层次是更为高层的资本输出，是指直接投资，主要涉及海外投资建厂和投资开店。由于这种模式突破了国际贸易的壁垒，具备吸收技术、增强国际竞争力等好处。本书中的"走出去"着重讨论第二层次的模式。

中国"走出去"的企业无论是规模还是质量，都取得了重要长足的进步，截至 2017 年，中国已经有 2.55 万家境内投资主体对外直接投资企业，广泛分布于 189 个国家和地区，投资存量总额高达 1.8 万亿美元。与此同时，中国企业在对外投资的背景下，优化了自己的产业结构。

2013 年 9 月和 10 月，在访问哈萨克斯坦和印度尼西亚期间，习近平主席提出了建设"丝绸之路经济带"和"21 世纪海上丝绸之路"的两项重大举措，后来被总结为"一带一路"倡议。此后，中国政府采取了多项政策措施，推动了"一带一路"倡议的实施。主要包括：2014 年成立丝绸之路基金，2015 年成立亚洲基础设施投资银行，2015 年发表《推动共建丝绸之路经济带和21世纪海上丝绸之路建设的愿景与行动》。2017年5月，在北京举行的“一带一路”国际合作高峰论坛，共有130多个国家和70多个国际组织参加，并发表了《“一带一路”国际合作高峰论坛圆桌峰会联合公报》及《“一带一路”国际合作高峰论坛成果清单》。

2017年，中国境内投资者对“一带一路”沿线的57个国家近3000家境外企业进行了直接投资，涉及国民经济17个行业大类，当年累计投资201.7亿美元，比2016年同期增长31.5%，占同期中国对外直接投资流量的12.7%。主要投向国家有新加坡、哈萨克斯坦、马来西亚、印度尼西亚、俄罗斯、老挝、泰国、越南、柬埔寨、巴基斯坦、阿联酋等国家。近5年，中国对沿线国家累计直接投资807.3亿美元。

经过近5年的发展，“一带一路”倡议取得丰硕成果，并赢得了广泛的国际赞誉。截至2017年底，中国已与沿线20个国家建设了56个经贸合作区，中国企业在三大方面积极参与“一带一路”建设，包括能源资源合作，铁路、公路、通信网络等基建，产业投资和园区建设等，并取得重大进展和明显成效。中国对“一带一路”倡议的金融支持力度十分显著。中国出资400亿美元设立了丝路基金，已经有9个项目获得了亚投行17亿美元的贷款。中国与沿线22个国家和地区签署了本币互换协议，总额达9822亿元人民币。

1.1.3 对外直接投资面临诸多政治风险

随着中国企业的大举“走出去”，中国对外直接投资的存量也随之大幅增加。然而，就在中国企业“走出去”频创佳绩的同时，国外社会政治风险对中国境外企业造成损害的报道也日渐增多。近10年来爆发的典型案例包括：2008年中铝增持澳大利亚矿业巨头力拓公司失败案；2011年苏丹南部独立，使中国在该国投资建设的完整的石油产业链被分割为两部分，如今油田较为集中的南北交接地带又成为冲突多发地区；2011年利比亚内战，使中国在该国大规模承包工程企业的营地和工地经历战火洗劫，而恢复合同和索赔商谈都困难重重；2014 年克里米亚进行全民公投，公投结果脱离乌克兰并以联邦主体的身份加入俄罗斯，该地区的外资企业命运充满了不确定性；伊拉克、叙利亚局势的持续动荡，2014 年越南、菲律宾与中国南海问题持续发酵，反华浪潮不断，给在该地区的中国企业带来严重的损失等。“走出去”的中国企业面临越来越严峻的政治风险。

总的来看，中国企业在海外资产规模的增加，中国公民在海外活动频次的增长，都使中国巩固和维护海外利益的任务变得更加艰巨，相关研究的紧迫性也不断增大。自 20 世纪 90 年代末实施“走出去”战略以来，中国企业已经成长为国际市场的重要角色，影响力不断提升。2014 年中国首次成为国际市场的资本净输出国，2014 年中国对外直接投资是 2002 年的 45.6 倍，年均增长速度高达 37.5%。2015 年，中国对外直接投资实现了连续 13 年的增长，达到了 1456.7 亿美元。截至 2017 年底，中国在世界各地的各类劳务人员超过了 100 万。大量走出国门的中国企业在海外遭遇各不相同，它们中既有通过国际市场获得技术、市场、资源实现进一步发展的，也有进入国际市场后屡经波折、损失惨重的。中国企业进入国际市场后出现两极分化的结局并不意外，因为，在机遇和风险并存的国际市场上，任何国家的企业进入其中后都会面临这些情况。但是，相关研究显示，中国企业与其他国家的企业相比，它们在跨国经营时面临着更加难以克服的挑战。以海外并购为例，麦肯锡咨询公司的一项研究表明，在过去 20 年的大型企业兼并案中，中国的失败率为 67%，远高于 50% 的全球平均失败率。导致中国企业海外投资经营失败的原因不一而足，经济、文化、政治等领域可能都出现此类原因。管理学、经济学等学科从各自学科角度已经对该问题进行了大量研究，取得了不少成果；而国际关系、国际政治、外交学等学科对该问题的关注起步相对较晚。学者对于中国对外直接投资的关注越来越多，其中，部分研究的重点放在了对政治因素的分析上。

国际货币基金组织指出，政治风险已成为国际直接投资的最大阻碍。世界银行的调查结果也显示，不到一成的欧美跨国企业，愿意投资高政治风险国家。Geert Bekaert 等证实上述观点：政治风险每升高 1 个百分点，该国的外商直接投资将锐减 12 个百分点。换句话说，大多数的欧美跨国企业都属于政治风险趋避者。

政治风险是企业跨国经营难以回避的问题。有分析认为，中国企业倾向于在政治风险较高的国家和地区投资，特别是在中国“走出去”战略初期，其投资大多集中于一些全球最穷且最不透明国家（许多位于非洲），且以资源开发项目为主，这使中国企业的海外投资在当地面临的政治风险较高。例如，2003 年苏丹爆发达尔富尔危机，中国企业对其投资不减反增，从 2003 年的 55 万美元暴增到 2004 年的 17161 万美元。在此期间，中国企业还进一步前进到津巴布韦、委内瑞拉、安哥拉、伊朗、乌兹别克斯坦与缅甸，这些都是政局高度震荡的国家。很显然，中国企业对外直接投资似乎很少考虑到东道国的政治风险。

但是，中国企业在走过了海外投资的早期阶段，开始把更多资源投向新兴市场国家和发达经济体，但政治风险问题依然不时刺激国人和资本的神经，影响着中国企业的海外经营。

近年来，中国对外投资合作的外部发展机遇不断增加，世界工业生产一直在低速增长，贸易持续低迷，金融市场动荡加剧，大宗商品价格大幅下跌，各国经济增长缓慢，新兴经济体增速进一步下滑，世界经济整体复苏乏力，增速放缓。为避免破产，国外企业迫切需要寻求并购方，通过股权转让解决资金问题，这为中国的海外直接投资提供了难得的机遇。从中国内部来看，经济增长带来了对能源和资源的巨大需求。与此同时，随着中国工业体制的逐步完善，产生了大量具有比较优势的产业，对外投资的内生动力得到了显著提升。

中国等新兴经济体在全球政治经济中发挥着越来越重要的作用，对现有的政治经济格局产生了重大影响。西方各国以“国家安全”为名，加强了对外国直接投资的审查，阻碍了中国的对外投资。具体而言，由于国有企业的主导地位，中国对资源产业的海外投资遇到了更大的阻力。

由此可见，政治风险管控已经成为中国海外经济合作的必修课。与之相适应，政治风险研究成为中国海外投资经营的重大课题。

在学界对中国海外投资经营风险问题研究逐步深入的同时，中国政策也发生了重大变化。自 2013 年 9 月开始，中国对外经济合作逐渐被“一带一路”框架所统领。“一带一路”作为新时代中国加强对外经济合作的新倡议，不仅涉及新时代中国对外政策的变革和走向，还涉及中国与“一带一路”沿线国家和地区之间的多层次合作，更涉及中国的发展前景和国际地位。这意味着此前对中国企业海外投资经营风险问题的研究，在一定程度上有了最新的研究方向和空间。而“一带一路”实践的快速进展，更进一步激发出对中国海外投资进行全方位研究的需求，其中，政治风险就是重要方面。

1.2 研究对象的界定

本书以中国企业为例，研究对外直接投资的政治风险，本部分主要对对外直接投资和政治风险进行界定。

1.2.1 对外直接投资

对外直接投资，英文全称是 Outward Foreign Direct Investment，简称 OFDI，是指中国国内投资者以现金、实物、无形资产等方式在国外及港澳台地区设立、购买国（境）外企业，并以控制该企业的经营管理权为核心的经济活动。

跨国企业是对外直接投资的主要形式。自 20 世纪 50 年代以来，跨国企业及其对外直接投资的迅速发展引起西方学者的普遍关注，并形成了各种旨在解释并阐述跨国企业对外直接投资行为的学术流派，包括垄断优势、比较优势理论、国际产品周期学说、市场内部化学说及国际生产折衷学说等。

对外直接投资的动机包括获取原材料、寻求知识、降低成本、规模经济、稳定国内客户等战略性动机，以及出于发挥其特定优势而进行对外直接投资的经济性动机。

对外直接投资的发展，对中国的经济发展具有重要意义。主要体现在以下 3 个方面：①通过收购工业或技术先进国家和地区的企业或购买股份，直接经营或参与管理，中国可以吸收先进技术，学习有效的管理经验和方法，将有助于改善中国的整体技术水平，提高企业管理效率。②近年来，中国一些传统加工业的国际市场已经饱和。亚洲金融危机后，中国出口增长率急剧下降。通过海外投资，企业不仅可以避免一些国家对中国产品征收关税和非关税壁垒，促进国内原材料、辅助材料、半成品和成套设备的出口，还可以为国内企业提供准确的国际市场行情，减少出口盲目性。③通过对外国资源产业的投资，中国合理有效地利用国外自然资源，弥补国内资源短缺，促进国内经济发展。

1.2.2 政治风险

关于政治风险的论述，许多学者将其与国家风险联系在一起，并且有的学者将政治风险等同于国家风险。但是，政治风险与国家风险又不完全一样，简单地说，就是国家风险包括政治风险，政治风险只是国家风险的一种。

（1）国家风险

国家风险（Country risk）的概念最初起源于 20 世纪 50 年代国际银行

的跨境业务。当某一国家的金融机构给另一个主权国家或本国的境外企业提供贷款时，可能出现的海外信贷风险就称为国家风险，或称主权风险（Sovereign risk）。1978年，加拿大银行学家纳吉（P.Nagy）提出了一个后来被广泛使用的国家风险定义：所谓国家风险是指“跨边界贷款中导致损失的风险，这种损失是由某个特定国家发生的事件所引起，而与企业或个人无关”。

国家风险由政治风险、经济风险和自然风险构成。所谓政治风险，涉及所有来自任何社会团体、政治组织及政府机构，它们对外国企业从事跨国经营活动可能产生消极影响甚或资产损失的可能性。而经济风险则是来自东道国经贸及金融领域的因素，这些因素对外国企业可能构成一定的跨国经营风险。地震、瘟疫等自然灾害和突发事件构成自然风险。

（2）政治风险

政治风险是指源于东道国政局的更迭、政策的不连续、地缘政治冲突、民主主义与宗教意识形态冲突，以及地区和局部战争、战乱、腐败、官僚体制及恐怖主义威胁等因素引发的外商直接投资损失的可能性。

李友田等（2013）概括出政治风险主要包括政府干涉风险、政府更迭风险、战争或内乱风险、政策法律变动风险、蚕食性征用风险、地缘政治风险、媒体舆论风险等，并建议中国政府与企业积极运用政治、文化、外交手段，化解风险，同时建立海外投资战略联盟，完善风险保障支持性体系，防御风险。

根据世界银行与Jotaro Hamada（2004）等的定义，政治风险可分为三类：征用风险（Expropriation risk）、转移风险（Transfer risk）和政治暴力风险（Political violence risk）。

①征用风险。这是指东道国政府对外资企业的征收、没收或国有化的风险。东道国中央和地方政府不公开宣布直接征收企业的有形财产，但采取各种措施阻碍外国投资者有效控制、使用和处置企业财产，从而限制外

国投资者股东的权利，构成事实上的征收。

②转移风险。是指外汇管制，由于东道国的国际收支困难，禁止或限制外国投资者转移本金、利润和其他合法收入到东道国境外。

③政治暴力风险。是指东道国爆发战争、政治动荡、极端势力袭击等导致跨国企业的项目被终止、财产被破坏或掠夺等。由于此类政治暴力一旦发生，就具有极大的破坏性，再加上可控性较低，常规的应对策略奏效困难等，因此，政治暴力属于很多发达国家、国际组织、风险服务机构等重点关注的政治风险形式。

1.3 研究意义

先前的研究大多集中在中国对外直接投资的个案，很显然，我们无从得知全貌，即中国整体对外直接投资的政治风险究竟有多高？中国整体对外直接投资政治风险与世界其他各国相比，是否高出许多？因此，在国家“一带一路”倡议的大背景下，研究中国对外直接投资的政治风险，具有重要的理论意义和现实意义。

1.3.1 理论意义

本书通过充分分析对外直接投资的政治风险测评指标，构建出中国对外直接投资政治风险指标，从而测算中国对外直接投资的政治风险分布，并进行国际比较，为中国制定对外投资政策提供一个基于数据的参考依据。

1.3.2 现实意义

本书结合美国等国的对外直接投资的经验，为中国防范对外直接投资政治风险提出政策建议，并探讨各种政策的可行性。本书不仅对政府制定对外直接投资政策具有一定的指导意义，而且对中国企业开展对外投资以及防范政治风险具有重要意义。

1.4 研究内容

1.4.1 研究思路

本书利用主成分分析构建政治风险指数（Political risk index，PRI），借此评估2003～2017年中国企业对外直接投资的整体政治风险，并进行中国对外直接投资东道国153个国家的比较。本书首先梳理影响对外直接投资的政治与经济因素，然后再分析最为普遍使用的政治风险评估指标，在此基础上，构建新的对外直接投资政治风险指数，并借此对中国以及世界各国的政治风险进行实证分析，详细分析世界各国政治风险指数排名、中国企业对外投资政治风险指数，以及影响中国对外直接投资政治风险指数变化的因素，得出结论。然后，从企业所有制角度，分析中国政治风险偏高的原因，并探讨为了规避对外直接投资政治风险，中国通过外援如何降低对外直接投资的政治风险。最后，提出相关政策建议。

1.4.2 研究内容

本书的主要研究内容有：

第一，阐述和分析对外直接投资和政治风险的相关理论、模型及研究方法，构建本书研究所需的理论基础和框架。

第二，借鉴前人的研究成果，构建新的对外直接投资政治风险指数。

第三，对世界各国的政治风险指数进行实证分析，并进一步测算中国和其他主要国家的对外直接投资风险指数，并进行比较。

第四，企业所有制对中国对外直接投资政治风险的调节效用。

第五，对外援助对中国对外直接投资政治风险的管控机制。

第六，基于上述定性和定量研究成果，研究如何规避对外直接投资的政治风险，并提出合理可行的建议。

本书共分为 8 个部分。

第一部分为引言。主要介绍对外直接投资政治风险研究的选题背景、研究意义及本书的研究思路和方法，并说明本书的主要研究内容及框架，分析本研究的可能性、创新点以及可能的难点和局限性。

第二部分为文献回顾。结合国内国外现有的文献，对对外直接投资政治风险的概念和相关理论、测评政治风险的指标、本书所需模型及其应用的相关文献进行全面综述。

第三部分为理论框架和分析模型。

第四部分为对外直接投资相关的国家风险和政治风险分析。

第五部分为构建新的对外直接投资政治风险指数。在充分论述主要政治风险评价指数的基础上，构建更为合理的政治风险指数，为测评中国和世界对外直接投资政治风险做好准备。分析世界各国的国家政治风险指数，并进一步测算中国对外直接投资政治风险指数，并进行世界比较。

第六部分为企业所有制对中国对外直接投资政治风险的调节效用。

第七部分为中国通过对外援助对对外直接投资政治风险的管控机制。

第八部分为政策建议和结论。

通过以上几部分的研究，得出本书的最终结论，并分析本书在研究过程中的局限性和未来研究的主要方向。

1.5　研究方法

1.5.1　研究方法

本书综合运用文献研究法、层次分析法、主成分分析法，以中国企业为例，对对外直接投资政治风险分布进行研究，具体方法如下：

（1）文献研究法

文献研究法是指，根据研究目的，通过收集、鉴别、整理文献，并通过对文献的研究，全面、正确地了解掌握所要研究问题的一种方法。本书在研究过程中，通过图书馆、学术会议、个人交往和互联网等渠道收集文献，经过归纳整理了解有关问题的国内外研究现状；在全面收集有关文献资料的基础上，梳理已有的文献，形成对研究问题系统、全面的叙述。

（2）层次分析法

本书在确定研究课题后，通过查阅相关研究对象资料，构建各对象二级指标因素，使用层次研究法对各因素所包含的二级指标进行计量测度，通过商业评估数据及政府官方数据分析结果，对二级指标进行打分量化，按照各类指标对政治风险指标进行构建和优化，为后续实证研究奠定基础。

其中，将对外直接投资的政治风险分为3个一级指标来测量，分别是征用风险、转移风险和政治暴力风险。每个一级指标又细分为6个二级指标，即征用风险分为财产权保障、投资风险、法治程度、投资者保障措施、政策透明度、遏制腐败；转移风险分为政治全球化、经商自由、贸易自由、投资自由、金融自由、国家信用评级；政治暴力风险分为内乱与恐怖主义、地缘政治、民主、媒体自由、行政官僚品质、政治信任度。

（3）主成分分析法

主成分分析是一种统计方法，依据变量间相关性来决定各自权重，即给予相关性较高的变量较大的权重、相关性较低的变量较小的权重。

目前，主成分分析已广泛用于指标构建上。例如，Axel Dreher利用主成分分析，构建全球化指数；Manzie Chinn 和 Hiro Ito 使用主成分分析，发展资本账户开放指数；Bo Chen 和 Yuen Pau Woo 通过主成分分析，设计区域经济整合指数；ChenYuan Tung 等利用主成分分析，创建货币国际化程度指数。总之，利用主成分分析来解决分项指标的权重给定问题，已成为学术界普遍认可的方法之一。因此，本书利用主成分分析来决定政治风险指数的各分项指标的权重。

1.5.2 数据来源

由于中国政府自 2003 年起才完整公布对外直接投资的详细流向，因此所有的统计数据起止年份都是从 2003 ~ 2017 年。

本书中所使用政治风险指标数据，全部来自世界经济论坛、全球竞争力报告（The global competitiveness report 2003–2017）、世界竞争力年度报告（World Competitiveness Yearbook 2003–2017，WCY）、世界治理指标（WGI）、经济自由度指数（IEF）、世界竞争力指标（IMD）、政治体制指标（Polity）、世界自由度指标（FH）。

自 2003 ~ 2017 年，中国对外直接投资数据来源于商务部网站，世界其他国家对外直接投资数据来源于联合国贸发会议（UNCTAD）“世界投资报告”，各国历年国内生产总值（GDP）数据、人口数据来源于联合国网站[①]。

1.6 研究难点与创新点

1.6.1 研究难点

本书的研究难点主要体现在对外直接投资政治风险指标的构建。中国对外直接投资政治风险影响因素错综复杂，各要素之间关系复杂，识别主要因素、摒弃次要因素比较困难。目前政治风险各项指标的不统一，分值给定也不统一，难以融合，定量测评难度较高。本书利用主成分分析法来解决分项指标的权重给定问题，构建出新的对外直接投资政治风险测评指标。

① http：//stats.unctad.org/handbook/tableviewer.

1.6.2 创新点

本书的创新点主要有以下几点：

第一，以主成分分析法为基础，融合了世界治理指标（WGI）、经济自由度指数（IEF）、世界竞争力指标（IMD）、政治体制指标（Polity）、世界自由度指标（FH），构建了新的对外直接投资政治风险指数，完全测评中国对外直接投资的整体政治风险，并进行国际比较。

第二，分析了企业所有制对中国对外直接投资政治风险的调节效用。利用条件逻辑回归模型，分析得出中国的国有企业在对外直接投资中能够承受更高的政治风险，国有企业比非国有企业更有可能向高政治风险的国家进行投资，国有企业较少在乎往常经验和模仿他人。

第三，探讨了中国政府通过对外援助，管控中国企业对外直接投资政治风险的机制。本书利用结构方程式模型，检验了外援作为国际投资公共产品的效用——降低对外直接投资的政治风险。中国通过提供外援，为企业海外直接投资搭桥，以期降低政治风险，促进中国企业的对外直接投资。

2　研究文献回顾

本章结合国内国外现有的文献，对对外直接投资政治风险的概念和相关理论、测评政治风险的指标、本研究所需模型及其应用的相关文献进行全面综述。尽管国内外学界已经关注到中国对外投资的政治风险问题，但总的来说，仍十分缺乏系统、深入的分析，从事中国对外投资政治风险问题研究的知识基础较弱。不过，随着“一带一路”倡议的提出和实施，关于中国对外直接投资政治风险的研究也相应丰富起来。

对外直接投资的决定因素，大致可分为两类：经济与政治层面。各国有关专家主要研究东道国的制度、治理水平、税负、自然资源等因素。目前国内学者的研究主要集中在中国同东道国的双边经贸联系及东道国的经济因素对中国对外直接投资区位选择的影响等方面。

Mark 和 Teresa 研究了对外直接投资的影响因素。他们发现，对外直接投资的主要影响因素来自政治、社会、贸易和自然环境因素。政治因素取决于东道国政府、国际组织、市场监管机构等；社会因素取决于东道国的工会、恐怖分子因素；贸易因素取决于东道国其他企业的经营和贸易政策；而自然环境因素则依赖于气候和地质等自然灾害。

2.1 经济因素对企业对外直接投资的影响

东道国的经济因素主要包括东道国的自然资源、经济规模（市场规模）、国内生产总值（人均国民收入）、双边贸易额、汇率。

就经济层面而言，Steven Globerman 和 Daniel Shapiro（2003）利用面板数据模型，检验 1994 ~ 1997 年美国对世界 143 个国家直接投资的决定因素，他们发现，东道国的国内生产总值（GDP）每增加 1 个百分点，美国企业对该国的直接投资相应增加 0.63 个百分点。也就是说，跨国企业海外直接投资的经济动机之一是寻求海外市场。程惠芳和阮翔（2004）利用引力模型，研究中国对外直接投资。徐雪和谢玉鹏（2008）利用中国对 84 个东道国投资的数据，研究了中国对外直接投资的地理位置选择与 GDP、当前汇率和双边贸易额之间的关系。

获得东道国丰富的自然资源，也是中国对外直接投资的重要推动力。Oleksandr Shepotylo（2012）利用两阶段最小平方法（two stage least squares，TSLS），探究 1993～2010 年欧洲 25 个转型经济体吸引外商直接投资的原因。结果显示，这些国家拥有的原材料和矿产越多，跨国企业越愿意到这些国家投资①。Alekesynska 和 Havrylchyk（2012）通过实证证实：某国或某地区如果自然资源丰富，则会流入更多的外商直接投资。蒋冠宏和蒋殿春（2012）利用引力模型，对对外直接投资的区位选择进行了分析，发现对发展中国家来说，中国的对外直接投资主要是为了寻求市场和寻求资源；对发达国家来说，中国企业的直接投资更多的是为了寻求战略资产，寻求市场和资源的动机并不明显。王永钦等（2014 年）通过研究 2002～2011 年中国企业 842 笔对外直接投资，发现中国对外直接投资在相当程度上是为了避税和获取自然资源。根据《2017 年中国对外直接投资公报》，中国对外直接投资的前十大地区是开曼群岛、加勒比海地区、百慕大群岛地区等。可以看出，避税也是中国企业考虑的重要因素。广义的资源还包括先进技术与战略资产。例如，Jung Hur 等（2011）利用固定效应模型，检验世界 165 个国家吸引跨国并购的决定因素。结果显示，东道国的技术水平与并购两者存在显著的正向关系，以寻求降低生产成本。相对而言，生产成本过高会降低跨国企业到该国投资的意愿。例如，Robert Sova 等（2009）

① Oleksandr Shepotylo，"Spatial Complementarity of FDI：The Example of Transition Countries，" Post-Communist Economies，Vol.24，No.3（September 2012），pp. 327～349.

发现，中东欧四国的工资水平每提升 1 个百分点，则该国的 FDI 将锐减 0.256 个百分点。

总之，跨国企业海外直接投资的经济动机为：扩大海外市场、寻求自然资源、获取战略资产以及降低生产成本。对此，研究学者已经取得高度共识。因此，自 20 世纪 90 年代以来，研究已经转向分析政治风险对对外直接投资的影响。

2.2 政治因素对企业对外直接投资的影响

2.2.1 政治因素的多种形式

政治因素主要包括东道国的经济制度、法律法规、政府稳定性、政府管理水平。目前，基于政治因素的视角，学者主要从以下两个方面研究中国的对外直接投资：第一，东道国政治风险对中国对外直接投资的影响；第二，中国与东道国政治关系对中国对外直接投资的影响。

贺娅萍和徐康宁（2018）通过 Heckman 两阶段模型和扩展的投资引力模型，考察了东道国经济制度对中国 OFDI 的影响，发现中国 OFDI 偏向于货币自由度和投资自由度较好的国家和地区，东道国商业自由度的提升促进了中国企业的投资行为，而贸易自由度的改善在一定程度上抑制了中国 OFDI。

付韶军（2018）利用世界银行发布的世界治理指数，分析“一带一路”国家政府治理水平对中国 OFDI 区位选择的影响，发现法律规则和监管质量对中国 OFDI 具有显著正向效应。

袁其刚等（2018）基于政治风险的政府稳定性、投资环境、法治水平和政府管理质量 4 个维度，分析中国对东盟投资存在的风险，发现中国对东盟直接投资以政治风险偏好型为主，东盟地区政府投资环境越好、稳定性越强，以及政府管理质量越高的东道国，越难以吸引中国企业投资。

罗良文和毕道俊（2018）利用扩展引力模型，对“一带一路”国家政治风险与中国对外直接投资关系进行分析，发现自然资源丰裕国家的法治水平对中国 OFDI 有着显著影响，非自然资源丰裕国家的政府有效性水平对中国 OFDI 有着显著的影响。田原和李建军（2018）基于资源与制度视角，检验了中国对“一带一路”沿线国家 OFDI 区位选择的影响因素，发现中国对“一带一路”沿线国家 OFDI 具有较强的资源寻求动机，中国 OFDI 倾向于流入政治风险较高、经济制度质量和法律制度质量较低的“一带一路”沿线国家。

2.2.2　政治风险对于对外直接投资的作用

（1）东道国政治风险越高越有利于对外直接投资

陈松和刘海云（2012）利用世界银行的全球治理指标，研究了东道国治理水平对中国对外直接投资区位选择的影响，中国的对外直接投资往往流向治理水平较低的国家。王永钦、杜巨澜、王凯（2014）将制度分为 6 个维度：腐败控制、法治水平、监管质量、政府效率、根除暴力 / 恐怖主义与政治稳定、话语权与问责制，分析了制度因素对中国对外直接投资的影响。他们发现，中国公司不太关心东道国的政治体制和稳定性。王红等（2017）利用中国企业 2005 ～2015 年的 1568 份 FDI 数据，通过混合 LOGIT 模型对政治风险、税负、自然资源因素、经济规模因素、资本市场规模因素进行了实证研究。研究发现，中国企业倾向于投资政治风险高、税负低、自然资源丰富、经济规模大或资本市场大的国家。此外，还研究了政治风险 5 个维度对中国对外直接投资的影响，发现中国对外直接投资往往流入政府稳定性差、外部冲突风险较低的国家和地区。

随着发展中国家对外直接投资的蓬勃发展，Khanna 和 Palepu（2006）认为，由于适应了母国腐败、过多行政管制，以及糟糕的产权保护等经营环境，东道国不完善的经济政治制度反而成为发展中国家对外直接投资的优势。Leonidas（2014）调查了英国公司在75个新兴市场国家的306个外国直接投资的股东财富，发现这些人往往更愿意投资于政治风险和腐败率高的国家。与此同时，在腐败率高的新兴市场国家，对实物资产的投资也会收到更好的收益。唐静（2014）实证分析了中国对110个国家投资的面板数据（2003～2012年），该研究指出，在对外投资方面，中国更偏向政治风险高的地区。宋冬雪（2017）以51个国家面板数据为例，指出中国在对外投资方面存在如下特点：偏向于制度不完善的国家以及政府腐败程度较高的国家。

国际货币基金组织指出，政治风险已成为国际直接投资的最大阻碍。世界银行的调查结果也显示，不到一成的欧美跨国企业，愿意投资高政治风险国家。Geert Bekaert等（2014）证实上述观点：政治风险每升高1个百分点，该国的外商直接投资将锐减12个百分点。换句话说，大多数的欧美跨国企业，都属于政治风险规避者。但中国企业不一样，Stefan Halper、Martin Jacques、Dambisa Moyo以及Nathan Meyer都强调：中国正在玩危险游戏。例如，2003年苏丹爆发达尔富尔危机，中国企业对其投资不减反增，从2003年的55万美元暴增到2004年的17161万美元。在此期间，中国企业还进一步前进到津巴布韦、委内瑞拉、安哥拉、伊朗、乌兹别克斯坦与缅甸，这些都是政局高度震荡的国家。显然，中国企业一般不会考虑东道国的政治风险而直接进行对外投资。

对此，许多研究者开始感到担忧。例如，David L. Shambaugh（2013）指出，中国利用对外直接投资，将专制国家串联起来。Juan Cardenal和Heriberto Araújo（2013）强调，中国正在构架庞大的经济帝国。Ian Bremmer（2009）与Francis Fukuyama（2012）更警告，如果欧美各国继续漠视中国企业海外扩张的行为，终将危及现行的国际经济体制。

但是，上述学者都只锁定中国对特定国家投资的个案而已。曹海涛与叶日崧注意到此一问题，并努力收集相关个案。可惜的是，他们也只汇总 1984 ~ 2005 年 100 件中国企业对外直接投资个案，仅占同期案例总数的 1.6%。很显然，我们还是无从得知全貌，即中国企业整体对外直接投资政治风险究竟有多高？又是否真的比世界各国高出许多？换句话说，对于此一议题——中国企业对外直接投资的政治风险程度，还有很大的研究空间。

总之，这些学者的研究表明，在对外直接投资中，中国企业并不关心东道国的政治风险，甚至东道国政治风险越高，越能吸引到中国外来投资。

（2）东道国政治风险越低越有利于对外直接投资

还有一些学者的研究正好与上述结论相反，对外直接投资对东道国的政治风险很敏感，跨国企业大都喜欢在政治风险低的国家进行投资。

陈艳莹和王丽丽（2009）对对外直接投资与政治风险之间的关系进行了实证研究。他们发现，对外直接投资流入与政治风险之间存在非线性关系。此外，由于发展中国家的高政治风险，它们吸收的外国直接投资远远少于发达国家。江荣庆（2010）认为，由于政治和经济环境不稳定，中国企业在南亚五国的投资活动面临着巨大的政治风险。鉴于政治风险对对外直接投资的影响，他建立了一个政治风险的动态线性模型，从东道国与母国这两个方面来分析政治风险对于对外直接投资的影响，发现对外直接投资对东道国的政治风险更为敏感，政治风险对于中国的对外直接投资具有反向调节效用。在对外资直接投资过程中，中国企业应选择合适的国家。这表明高政治风险并不利于吸引外资。

王建和张宏（2011）利用世界银行全球治理指数考察了 6 个政府治理指标对中国对外直接投资的影响，发现政府施政有效性与中国对外直接投资流量显著正相关，而贪腐控制与中国对外直接投资流量显著负相关。卢秀荣、陈伟（2016）围绕国家面板数据（包含 60 个国家）分析指出，东道国国家风险会负向影响其对外直接投资的流入量，但是总体影响程度并不大。

Schneider 和 Frey（1985）研究了 80 个经济较为落后的国家和地区吸收外资的情况。该研究指出，一国是否可以顺利引入对外直接投资及其引入情况，很大程度受其政治风险因素的影响。同时该研究指出，这些国家可通过国际援助提高本国吸引外资的能力。Haims（2002）指出，此前的学者由于选择样本方面存在片面性，所以影响研究结论，以至于得出了一国对外直接投资不会受政治风险影响的结论。他认为，此前的学者们之所以会得出这样的结论，是因为其研究中所选择的样本主要以发达国家为主，而这些国家发生政治风险的概率非常低。因此，Haims 基于前人的研究结果，将低收入国家加入研究样本中。研究结果表明，政治风险会影响东道国的 GDP，从而影响海外直接投资。经济学家情报社（EIU，2007）得出类似的结论，即东道国的政治风险会严重抑制其吸收外资的能力。该机构认为，如果一国未形成完整的法律制度或者政局不稳定，存在较为严重的贪污腐败等现象，那么必然会降低其他国家对该国的投资热情，即影响外资进入。假设投资国未详细调查东道国的投资环境而盲目投资，那么其投资后必然会受到东道国各种影响，甚至使企业处于巨大的风险之中。黄悦琛（2015）围绕中国与东盟十国的合作关系，提出政治稳定有利于中国选择对外投资的区位。

（3）政治风险与对外直接投资的关系不确定

这部分学者的研究表明，企业的对外直接投资跟东道国的政治风险关联度不大，没有一致的影响效果。

韦军亮、陈漓高（2009）通过对中国企业 2003～2006 年在 73 个国家非金融类对外直接投资进行实证研究，他们发现，中国企业对外直接投资不受东道国政治风险的影响。张雨和戴翔（2013）认为，由于风险意识不强，目前东道国的政治风险并没有成为中国企业“走出去”时考虑的主要因素。石泉（2014）结合中国对 112 个国家的投资面板数据，检测分析了包括种族紧张关系、社会经济条件、宗教紧张局势等在内的12个要素对中国直接对外投资的影响程度。该研究指出，东道国腐败程度、稳定性对中国对外直接投资分别具有促进作用以及抑制作用。唐静（2014）利用中国与110个国家投资（2003～2012年）的面板数据为依据，通过实证研究指出，中国企业在对外投资中更加倾向于政治风险较高的国家和地区。陈丙利（2015）实证研究了中国上市公司（2003～2013年）对外直接投资数据，指出了影响中国企业选择对外直接投资区位的因素。该研究指出，企业的投资动机不同，其受国家风险的影响程度也不同。他认为，国有企业以及资源追求型企业普遍更加倾向于风险偏好型的投资；而私营企业、市场寻求型企业，则更加偏向于风险规避型等方面的投资，这也解释了为什么不同学者研究东道国政治稳定性对对外直接投资流入的影响并不一致。高伟男（2016）通过综合分析资源禀赋、政治风险的交叉性指出，对于中国资源型企业而言，东道国的政治风险具有显著的促进投资作用。汪聪聪、韩民春（2017）等就中国与“一带一路”沿线各国的合作情况，指出东道国的政治风险具有显著促进中国对外投资的作用。赵明亮（2017）建立了扩展投资引力模型，该模型指出，提高政府的治理能力，并不会增加对外直接投资。

综上所述，学者们在关于政治风险与对外直接投资流入两者关联性的研究中，形成了诸多不同的研究结果，并且差异性较大。

2.3 母国对于对外直接投资政治风险的影响因素

关于对外直接投资的政治风险的影响因素，从母国的角度进行分析的相关文献较少。母国对于对外直接投资政治风险的影响因素，主要包括企业所有制、双边投资协议和经济援助等形式。

邱立成和杨德彬（2015）采用logit模型，实证分析了国有企业和民营企业在对外直接投资区位选择上的不同，发现国有企业 OFDI 倾向于进入自然资源丰富的国家，而民营企业 OFDI 区位选择则主要受东道国市场规模和战略资产影响。另外，国有企业 OFDI 对东道国政治风险倾向于进入政治风险较高的国家，而民营企业 OFDI 倾向于进入政治稳定的国家。宗芳宇等（2012）考察了双边投资协定、东道国制度环境与母国制度对发展中国家企业对外投资区位选择的影响，发现双边投资协定在 3 个方面发挥作用：①能够促进企业到签约国投资；②能够替补东道国制度的缺位；③能够弥补母国制度支持的不均衡性。Matthew Yeung（2012）等利用泊松回归模型，分析了 2006 ~ 2008 年中国企业对外直接投资的相关数据。通过该分析得出，在海外投资方面，中国国有企业更加青睐于政治风险高的国家；而私营企业则与之完全相反，其更加偏向于政治风险低的国家。周经等（2018）考察了经济援助对中国在非洲投资风险的调节效应，发现中国在自然资源丰富的非洲国家投资时，经济援助能够有效降低投资风险。

2.4 政治风险指标的汇总

如何寻找适当的政治风险替代变量，便成为研究学者最大的挑战。为此，本书梳理研究学者普遍使用的政治风险评估指标。

2.4.1 常用的政治风险指标

张金杰（2008）以国家风险指南为基础，对国家风险的内涵及其评估方法给予了介绍。陈松、刘海云（2012）利用世界银行全球治理指标，研究了东道国治理水平对中国对外直接投资区位选择的影响，其研究结果与王永钦等人的类似，中国对外直接投资倾向流入治理水平较低的国家。王永钦、杜巨澜、王凯（2014）将制度分为东道国的腐败控制、法治水平、监管质量、政府效率、根除暴力 / 恐怖主义与政治稳定、话语权与问责制这 6 个维度，分析了制度因素对中国对外直接投资的影响。他们发现，中国企业不太关心东道国的政治制度和政治稳定度。刘亦乐、刘双芹（2015）利用国际国家风险指南（ICRG）中 12 个政治风险指标，从政治风险角度对中国企业在亚洲国家对外直接投资的行为进行解释。孟醒、董有德（2015）直接引用 ICRG 的数据，用以衡量东道国政治风险。政治风险评估指标包括东道国政局稳定性、社会经济条件、投资执行状况、内外部冲突、军队干预政治、腐败、法治、宗教与民族冲突、民主程度和行政效率等 12 个方面。张艳辉等（2016）采用 10 个变量，即政治风险、政府稳定性、社会经济状况、投资回报、国家内部冲突、国家外部冲突、拒绝腐败程度、政治中的军事、宗教冲突、法规、民族冲突、民主以及政府管理质量，来解释国家政治风险对中国对外直接投资的影响，得出结论：政府稳定性、拒绝腐败程度对中国对外直接投资具有显著影响，国家内部冲突、国家外部冲突、政治中的军事、宗教冲突、民族冲突以及政府管理质量各项指标均不显著。王红等（2017）从 ICRG 中选取了 5 个指标来衡量东道国的政治风险，包括政府稳定性、内部冲突、外部冲突、宗教紧张以及民族冲突，研究发现，中国对外直接投资倾向于流入政府稳定性差的国家和地区。

研究学者最普遍采用的政治风险评估指标有 10 个，分别是国际国家风险指南（ICRG）、世界银行的世界治理指标（WGI）、传统基金会的经济自由度指数（IEF）、欧洲复兴与开发银行的经济体制转型指标（EBRD）、自由之家的世界自由度（FH）、政治体制资料库（Polity）、国际透明组织的贪腐印象指数（TI）、机构投资者的国家信用评级（II）、欧洲货币国家风险指标（ECR）、商业环境风险评估指标（BERI）。其中，前面 3 个使用最为频繁。

各个国际机构构建的风险评级，都完全覆盖政治风险的 3 个方面——征用风险、转移风险和政治暴力风险。因此，大多数的研究学者偏好使用免费指标，包括 WGI、IEF、EBRD、FH、Polity 和 TI，这些指标被重复使用的比例很大。

专门探讨中国对外投资政治风险的学术论文逐渐增多，但在分析中国企业对外直接投资动机时，大多数文献都会顺带验证东道国的政治风险，其中有 4 个政治风险评估指标用得较多，分别是国家国际风险指南（ICRG）、世界治理指标（WGI）、经济自由度指数（IEF）、经济体制转型指标（EBRD）。

2.4.2 评估指标研究存在的不足

（1）评估指标没有考虑每个分项指标的权重给定问题

政治风险评估指标基本都是复合分数，即由多个分项指标构成，这便涉及每个分项指标的权重给定问题。例如，ECR 为 5 个分项指标构成：贪腐程度、政府对于跨国资金进出的干预、政治稳定度、政策透明度、政府效能以及法治程度，每项分数都介于 0 ~ 10 分。ECR 利用加总方法，得到最终分数。很显然，ECR 假定每个指标的重要性都相同。但实际上，每个指标不会处于同等重要的位置，应当给予影响力较大的指标更高的权重。

BERI 也面临相同的问题。BERI 分为 10 个分项指标，包括政治派系、宗教与种族冲突、为巩固政权而采取的各项限制措施、贪腐程度、社会经济条件、激进团体的多少、对主要国家的依赖程度、地缘政治、社会冲突与革命暴动，每项分数都介于 0 ~ 7 分。在总和指标的构建上，BERI 也是采取加总法。

ICRG 注意到此一问题，其赋予每个分项指标不同的分数范围。例如，政治稳定度、社会经济条件、投资风险、内部冲突以及外部冲突等 5 项指标的分数范围，皆为 0 ~ 12 分；贪腐程度、政军关系、宗教冲突、法治程度、种族冲突以及民主问责制等 6 项指标，则介于 0 ~ 6 分。最后一项指标为行政官僚品质，分数为 0 ~ 4 分。上述 12 个分项指标的分数，合计

100分。然而，Elettra Agliardi等（2012）与Claude Erb等（1999）强调，这太过依赖分析者的主观认知，欠缺科学方法的客观性。

不仅如此，免费指标也存在权重给定问题。例如，IEF与TI，都是采取简单算术平均，Polity则为加总。也就是说，这些指标也都假定，每个分项指标的重要性都相同。WGI与EBRD只发布各个分项指标的个别分数，没有将分项指标合并为单一综合指标。

（2）政治风险指标代表性不足问题

国际组织与智库构建综合指标的目的并非测量政治风险。例如，FH与Polity旨在衡量一国的自由民主程度，TI则为评估一国贪腐程度，这些指标都不足以涵盖政治风险的三大构面。IEF涉及层面较广，包括财产权保障、遏制贪腐、财政自由、财政支出、经商自由、劳动自由、货币自由、贸易自由、投资自由以及金融自由。但可惜的是，IEF没有考虑政治暴力风险。若以这些指标作为政治风险的替代变量，将发生代表性不足的问题。

黄益平和王碧珺都只采用单一分项指标。这些实证结果都存在代表性不足的问题。对此，祁春凌、邹超以简单算术平均，将WGI中6个分项指标予以合并，但这又忽略指标间重要性的差异。特别是，部分学者没有清楚了解WGI每个分项指标的数据来源。例如，邓明将WGI的法治程度与ICRG放入一个回归式中。由于法治程度的数据来源便包含ICRG，以致发生严重的共线性问题，这会给评价自变量的贡献率带来困难。

在众多免费指标中，WGI最接近政治风险意涵。其包括6个分项指标：言论自由与问责制、政治稳定度与平抑暴乱、政府效能、监管品质、法治程度以及遏制贪腐。但是，WGI没有构建综合指标，造成研究学者极大的困扰。例如，Ivar Kolstad、Arne Wiig与Bala Ramasamy等都只采用单一分项指标，这陷入代表性不足的困境。对此，Tajul Ariffin Masron和Eliza Nor采取的对应做法为：求取这6项指标的简单算术平均，这又回到了权重给定的问题。

（3）政治风险指标没有修正指标的构建方法

先前的研究没有修正政治风险评估指标的构建方法。例如，Peter Buckley 等、Diego Quer 等、Yin-Wong Cheng 和 Xingwang Qian 直接使用 ICRG。很显然，他们没有处理 ICRG 主观认定的问题。特别是 Jing-Lin Duanmu、王胜与田涛直接援引 IEF，Yuanfei Kang 和 Fuming Jiang（2012）则采用 IMD 中的 5 个分项指标——政治系统、官僚品质、法规架构、经济政策以及企业税率，进行了简单算数平均。这不仅忽略个别指标间的差异，也没有将政治暴力风险纳入考虑。

（4）政治风险评估指标存在的其他问题

有些资料不容易获得。例如，ICRG 收取昂贵的年费。因此，国内研究学者偏好使用 WGI。原因之一是成本考虑，国内大学都没有购买 ICRG、ECR 和 BERI 数据库，而这些数据库价格较高，因此，学者只能找免费指标作为政治风险的替代选项。另一个重要原因是中国政府自 2003 年起，才完整公布其对外直接投资的详细流向，刚好与 WGI 改为逐年发布的时间点吻合。以 WGI 作为分析中国对外直接投资政治风险评估指标，不存在时间过短的问题。

①由于 WGI 数据来源过于广泛，研究学者很难清楚了解每个分项指标的具体内涵。例如，Margit Tavits 在检验政治责任与贪腐的相关性时，以 WGI 的遏制贪腐为被解释变量，FH 为解释变量。但是，遏制贪腐的数据来源已经包含 FH。如果直接援引 WGI 的分项指标，很容易发生循环论证的问题。

② WGI 没有考虑组成数目的公平性。例如，在政治稳定度与平抑暴乱的资料来源中，只有 3 个涉及政府稳定性，其余 18 个都属于暴力冲突的概念。因此，即使 WGI 利用未观察到的主成分模型，客观赋予每个组成项目的权重，也无法改变既有的选择误差。

综上所述，目前探讨中国对外直接投资政治风险的先行研究，都没有修正既有的政治风险评估指标构建方法。特别是这些文献的实证结果相当分歧：显著为正、显著为负以及不具统计上显著关系的比例各占三分之一。因此，本书将采用更为严谨的研究方法，构建一个更全面、更客观的政治风险指数，进而检验中国对外投资政治风险分布，并进行比较分析。

3　研究适用的理论框架和分析模型

3.1 研究适用的理论框架

3.1.1 对外投资理论

（1）垄断优势理论

海默（1960）在《国内企业的国际化经营：对外直接投资的研究》一文中首次提出可用“垄断优势”解释国际直接投资行为。C.Kindleberger、R Z.Caves 等学者在此基础上提出补充与发展，并成为早期最具影响力的国际直接投资理论。

只有当企业具有东道国企业所不具有的垄断优势，才能让企业在对外直接投资中获取利润；对于跨国企业而言市场的不完全性，正是其垄断优势的来源。

①不完全竞争催生不完全市场和国际直接投资

C.Kindleberger、R Z.Caves 等认为，主要可从如下 4 个层面解释不完全竞争问题：一是不完全竞争的商品市场；二是不完全竞争的要素市场；三是不完全竞争的规模经济；四是由于经济政策、经济制度而引起的不完全竞争。由此他们提出了“结构性市场非完美性理论”。

②垄断优势决定了跨国企业的对外直接投资

根据 R Z.Caves 的分类，垄断优势理论的优势要素，其中静态优势主要体现在如下两方面：一是知识资产，比如组织管理、资金或者技术方面的优势等；二是规模经济优势。

该理论从新的角度探索对外直接投资，区分了证券投资与直接投资的区别，并基于生产领域研究资本国际流动，这也是该理论的基础部分。但不可否认的是该理论也存在诸多不足，比如，独占技术优势的企业为什么不通过转让技术许可证、出口等方式获利，而选择对外直接投资。

虽然该理论较好地解释了发达国家的对外直接投资、双向投资，但是如果仅以该理论论述发达国家许多不具备垄断优势企业及中国等发展中国家企业的对外投资活动，则显得过于牵强，不符合实际。此外，从地理布局的层面分析，仅利用该理论也很难说明物质生产部门的跨国投资行为。

（2）比较优势理论

20世纪70年代，小岛清提出边际产业扩张论，即比较优势理论。小岛清认为，应该基于宏观的角度，分析形成国际直接投资的原因，特别是应基于国际分工的基本原则展开论述分析。

该理论认为，对外直接投资应该从边际产业部门入手。所谓边际产业部门，就是投资国处于或者即将处于劣势的部门；同时这些产业在东道国属于比较优势或者潜在优势部门。对于东道国而言，如果缺乏管理经验、技术、资金，那么就很难利用这些优势资源了。

①对外投资的产业

日本基于比较成本的原则，以劳动密集型产业作为对外投资的主要方向。比如，零部件、纺织品、资源开发等相关领域。在对外投资方面，美国则更加倾向于以技术、资本密集型的企业为主，比如，医药产品、化学产品、电子计算机等自身具有比较优势的领域。由于美国过早地向国外移植这些比较优势产业，所以极易形成空心化经济。

②对外投资的主体

在对外直接投资方面，日本奉行国际分工原则，因而其以中小企业作为对外投资的承担者；美国以贸易替代型的方式开展对外投资，所以在美国一般是由具有比较优势的产业进行对外投资。由于直接投资周期、产品创新等因素的影响，美国普遍由垄断性大跨国企业控制对外直接投资。

③东道国和投资国投资产业的技术差距

正如上文所述，日本在对外直接投资时，选择与东道国技术最为接近的产业；美国企业则更加倾向于利用自身垄断优势直接对外投资，此种投资方式会加大东道国技术差异。

④对外直接投资的企业形式

日本企业普遍以非股权参与、合资经营股权的方式进行对外投资；美国则主要以建立全资子公司的方式参与对外直接投资。结合边际产业对外投资可知，东道国欢迎外来投资。对于东道国而言，中小企业向其转移更适宜的技术、生产要素，有助于增加当地人员的就业机会，提高劳动人员的综合素质，建立出口工业基地。与此同时，投资国往往会选择具有优势的产业进行对外投资，所以可形成更为合理的产业结构，促进国际贸易发展。

比较优势理论从投资国的角度而不是从企业或跨国公司角度来分析对外直接投资动机，克服了以前传统的国际投资理论只注重微观而忽视宏观的缺陷，此种研究方式更有利于论述对外直接投资的国家动机。另外，比较优势理论结合国际分工的角度利用比较成本原理进行分析，统一解释说明了对外贸易关系与对外直接投资两者的关联性，避免分割两者，能够更为客观地说明日本在二战后对外直接投资活动的特点。

比较优势理论也有局限性。该理论分析并非以企业为主体，而是以投资国为主体，这就相当于认为所有企业都是基于同样的动机而进行对外投资的。显然此种假设过于简单，并不符合投资国的特点，很难说明企业在复杂的国际环境中对外投资的行为。

小岛清仅单向地提出国际分工、对外直接投资，其所提出的理论是基于发达国家主动向发展中国家进行的。换言之，即认为在对外直接投资过程中发展中国家处于被动的地位。所以，该理论不能准确说明逆贸易导向型直接投资，其所形成的研究理论存在某些偏差。尤其是随着跨国投资的发展，小岛清所提出的理论已经严重偏离了当下跨国企业进行对外投资的实际情况，所以，虽然说其所提出的理论具有一定可行之处，但是在实际运用中还是应该充分考虑各方面的因素。该理论是基于二战后初期而提出的，即理论中所反映的情况是日本中小企业在二战后期对外直接投资的情况，而这并不能代表当前世界各国尤其是包括中国在内的发展中国家对外直接投资情况。事实上，当前各方面均已经发生了较大的变化，比如对外直接投资的企业越来越多。此外，在这一过程中，发达国家的逆向投资快速增加，比如进口替代型投资。

综上所述，仅通过该理论无法准确说明投资企业的投资行为，其研究结论并不具有一般意义，尤其是无法解释中国日益增长的巨大规模的对外直接投资现状，且存在较大的局限性。

（3）市场内部化理论

跨国企业面对市场不完全的现状，为了规避由于外部市场失效或者由于行业存在垄断势力、产品特殊性等方面引起的企业交易成本变大的问题，因此为了维护自身利益而在公司所属企业之间进行本应该在外部交易的业务，并形成内部市场。换言之，即跨国企业基于一体化经营、国际直接投资，利用行政管理的方式内部化外部市场。市场内部化理论假设在现有市场条件下不完全竞争，企业以最大化利润作为自我目标；企业在面对不完全的中间产品市场时，建立可取代外部市场的内部市场，此种超越国界的内部化行为，即形成了跨国企业。

内部化理论以全新的研究思路形成理论框架，并能够较为全面地说明各国跨国企业进行对外投资的动因，内部化理论动态的分析更符合实际，能够充分说明跨国企业的扩张行为，能够较为准确地说明跨国企业自二战以来不断增加的投资以及各发达国家之间的相互投资行为。总之，该理论对于降低跨国企业的投资成本方面，具有重要意义，因此也被作为核心理论，成为综合分析跨国企业的经典理论。

但是，该理论与垄断优势论一样，均是基于跨国企业的主观方面分析跨国企业对外投资的基础与动因。从某种层面分析企业自身的特点决定了其内部化决策，而没有充分考虑竞争力量、市场结构等国际经济环境因素的影响情况，所以不能准确说明非要跨越国界。另外，在解释跨国企业方面，也仅基于纵向一体化的维度进行分析，而无法充分说明无关多样化、横向一体化的研究，这些均可充分说明该理论仍然存在较大的局限性。

（4）产品生命周期直接投资理论

雷蒙·维农（1966）结合产品的生命周期进行动态的分析，并提出“产品生命周期”直接投资理论。产品生命周期理论主要包含如下内容：

跨国企业基于长期的技术优势，对外直接投资主要可细分为如下三大部分：①创新阶段。本阶段中，雷蒙·维农指出，美国最具有高知识研究、开发技能和潜在高收入的条件。②成熟阶段。本阶段中，虽然市场对产品的需求量很大，且市场的需求量在持续增加之中，但是尚未实现标准化生产产品，所以为了避免直接价格竞争，投资者更加倾向于异质化产品。③标准化阶段。进入本阶段，说明企业已经不能再享受专利保护期的系列优惠了，企业此前所具备的技术专利、技术技巧已经公开了，换言之，此时市场中有很多可用于替代的产品，整个行业的竞争非常大，而成本成为竞争的焦点。

约翰逊结合上述模型深入研究了国际直接投资的影响因素，并认为下面 4 个因素是分析对外直接投资的充分条件：市场成本、政府政策、贸易壁垒和市场需求。

该理论无法充分说明非代替出口的工业领域增加投资比例的问题，也无法准确预测其行业发展趋势，没有明确说明各发展中国家的双向投资现象。总之，该理论在实际运用中存在诸多局限性，仅适用于首次跨国投资且为最终产品市场的企业。如果跨国企业已经建立了国际性生产和销售体系，那么仅通过该理论已经无法得出众多有价值的信息。但是，该理论在研究对外直接投资领域做出了一定贡献，尤其是对于中国这样的发展中国家，一方面吸引大量的FDI，另一方面又存在大量的对外直接投资，说明中国的不同产业分别处在不同的生命周期，基本不同的投资特征，所以该理论能够在一定程度上解释中国的对外投资现象。

（5）国际生产折衷理论

约翰·邓宁（1977）提出了该理论。他认为，国际经济活动主要包括国际直接投资、资源转让、商品贸易等各个方面。但是20世纪50年代以来，学术界仅从较为孤立的角度论述国际直接投资，而没有将资源转让、国际贸易、国际直接投资等各要素有机结合，并形成完善的理论基础。

邓宁认为，由于跨国企业在所有权、内部化以及区位方面均有一定优势，所以通过不同的组合，可方便其开展国际经济活动。事实上，也正是因为跨国企业上述3类优势存在显著的差异性，企业采取不同的结合，其所形成的国际经济活动也会存在差异性，另外，所面临的国家风险也不同。

①所有权优势（Ownership Advantage）

企业具备其他企业或者别国企业所不具备的管理技能、发明创造的能力、产品生产工艺、商标或者诸如资金、自然资源等生产要素禀赋。对于跨国企业而言，其主要具备如下两大类所有权优势，即资源转让、出口贸易等方式而形成的诸如商标、技术、产品等方面的所有权优势。此种所有权优势仅可通过对外直接投资获取，而技术转让、出口贸易等方式无法给企业带来收益，对于企业而言，只有通过内部使用的方式才能充分发挥这些优势，并形成收益。其收益主要体现在多样化的产品；降低运输、交易成本；统一调配产品生产加工；垄断原料来源、销售市场。跨国企业对外直接投资能力主要取决于其所有权大小。

②内部化优势（Internalization Advantage）

企业通过把优势保持在企业内部的方法而规避不完全市场带来的不

利影响。从本质上说，正是因为市场存在不完全性，所以才会形成内部化的问题。具体可围绕如下两个层面解读市场的不完全性：其一是结构方面的，一般指由于竞争限制而引起的结构性不完全性。受此情况影响，一般存在较高的交易成本，各方无法通过相互依赖而获得共同的经济利益。其二是认识方面的不完全性。具体体现在企业往往需要通过付出较大的代价才可获得劳务、产品方面的信息。由于受到市场不完全性的影响，企业可能会丧失各种优势。客观上说，企业就会具有很强的动力来进行内部化优势。在共同所有的企业中，只有充分发挥内部化的作用，才可促进需求与供给的交换。简而言之，即企业通过自己的方法来配置资源，以最大化垄断优势，进一步助推企业发展。

③区位优势（Location Advantage）

跨国企业具有选择投资区位的优势。这里的区位优势主要可分为直接与间接两种。其中前者一般指东道国具备某些有利的条件或者环境而形成的区位优势。比如，政府制定各类优惠政策、国家的销售市场发展良好，等等。后者指东道国、投资国存在某些不利的环境而形成的区位优势，如过高的商品运输费用等。对于跨国企业而言，其在对外投资时往往会充分考虑区位优势大小，并选择最适宜的投资地区。

邓宁认为，从企业对外直接投资的角度分析，内部化优势、所有权优势均属于其必要条件。基于此，可结合上述三类优势的拥有程度，具体说明跨国经营活动。

国际生产折衷理论融合了各个学科的精髓，有效地弥补了以前投资理论片面性的不足。该理论针对跨国海外直接投资，结合多种变量展开分析，充分说明企业在对外投资中经济发展的动因及投资能力，因而从本质上说该理论具有实用性强、适用性强的特点。该理论具有较大的参考价值，可作为跨国企业投资决策的依据。该理论认为，企业应该具备较强的决策能力，能够以宏观的角度深入分析各种优势的联系及相互作用，从而实现全局把握，最大限度地减少风险决策的不利影响。

但是，该理论在关于对外投资条件的解释方面存在过于绝对化的倾向，因而在实际应用中存在较为严重的片面性的问题。邓宁认为，一国企业只有必须同时具备3种优势，才可进行跨国投资，并且这一论断可以不断推广至国家层面。事实上，该理论无法充分说明发展中国家对外直接投资行为，因为发展中国家普遍不同时具备上述优点的能力，尤其无法说明向发达国家投资的活动。现实中，企业在进行对外投资时，并不绝对需要具备如上三大条件，因而该理论客观存在过于绝对化的弊端。另外，该理论在分析企业跨国行为方面仅基于微观的层面展开，理论的分析完全是基于传统的分析框架，比如区位优势理论、内部分化理论，等等。从某种角度来说，该理论并没有创新性，而只是简单地综合传统分析理论。所以，虽然该理论可以解释发达国家的企业，但是对于社会主义国家的国有企业来说，显然无法通过该理论准确、全面地分析企业投资风险。

（6）发展阶段理论

20世纪80年代初，邓宁基于人均GNP研究了一国外资流入与资本流出与其净对外直接投资间的关联性，并划分了对外直接投资阶段、国际直接投资的发展阶段顺序及各阶段特点，并全面地分析了其中的内在机制。

人均GNP ≤ 400美元。这一阶段一般不会出现直接投资净流出。从本质上说，本阶段国家企业尚未形成所有权优势。另外，受各国条件的制约，这一阶段的外资总流入量较小。

400美元＜人均GNP ≤ 1500美元。这一时期东道国凭借自身的劳动力成本以及原材料等方面的优势，而增加外资流量。即本阶段企业仅可进行技术含量较低的生产性投资。总体上说，这一时期对外投资的水平较低，一般仅在临近的国家进行投资活动，此外，其经济发展战略一般以引进技术、进入国际市场形式为主。

2000美元＜人均GNP ≤ 4750美元。本阶段东道国企业进一步强化内部化与所有权优势，其人均净投资流入出现下滑的趋势，同时增加对外直接投资。本阶段可充分说明国家的直接投资各方面均已经出现较大的变化，即开始步入专业化国际直接投资了。

2600 美元＜人均 GNP ≤ 5600 美元。本阶段可理解为国际直接投资净流出的关键时期。这一时期国家经济得以循序发展，国家企业的内部化优势、所有权优势更为显著，此外，本阶段还形成了利用外国区位优势的能力。

综上所述，一国的人均 GNP 很大程度决定着其国际直接投资的发展阶段，该理论对于中国的对外直接投资有一定的参考价值。

（7）中国对国际投资理论的研究

20 世纪 90 年代，中国开始研究国际投资理论，尤其是近年来，学术界形成了日益丰富的研究成果。比如，鲁桐、裴长宏（中国社会科学院），杜玲、江小涓（外经贸部），苏丽萍（厦门大学），邢建国（苏州大学），等等。这些学者分别从不同的维度、层面解读国际直接投资理论。这些研究从学科理论的诞生时间，分析国际投资理论的演变发展历程，形成了与国际直接投资有关的十分丰富的理论。这些研究具有较大的理论价值，尤其是对于分析中国产业结构、经济结构以及对外直接投资的战略规划。这些理论在中国企业对外直接投资中进行区域、企业、产业选择等各方面均具有较大的借鉴意义，有助于中国调整地区经济结构、优化产业结构、培育优势企业。由于理论与实践存在较大的差异性，除了要充分运用国际直接投资理论之外，还应该积极汲取其中有利的因素，结合理论的特征、普遍规律，提炼其中的思想方法。这里需要立足中国国情，结合中国经济发展现状、经济结构以及实际发展经济的情况，辩证分析海外投资的情况。

3.1.2 外来者劣势理论

20 世纪 60 年代，作为西方学者的代表，Hymer 将企业在对外直接投资中面临的问题提升到理论水平，提出了“海外经营成本”概念。Hymer将其定义为跨国企业的海外子公司在东道国经营时必须付出的附加费用，而这些附加费用对于东道国本土企业并不存在。后来，Zareer又在Hymer的基础上延伸了这一概念，提出了“外来者劣势”的概念，是指能够给跨国企业海外子公司带来不利竞争的额外费用。Zaheer提出的外来者劣势，包括经济成本和社会成本，并且这些成本对跨国企业来说本来是没有必要的。例如，因为跨国企业无法获得东道国的市场准入许可证，无法融入当地的人际关系网络，不能顺利进入当地的信息网络，所以也就无法获得东道国政府的平等对待，并且会受到消费者和生产商的歧视。

根据大多数经济学者之前的研究，大多将外来者劣势的来源分为以下三种：

（1）跨国企业母国和东道国的距离

Zaheer认为，跨国企业母国和东道国的距离远近会阻碍对外投资。这主要包括在海外经营发生的旅行劳累和昂贵的长途通信成本以及运输成本等。

（2）不熟悉的东道国环境所引起的成本

第一，东道国对国外公司不熟悉所带来的成本。由于东道国对国外公司的歧视，会产生外来者劣势成本。Eden和Miller用“陌生人在陌生的土地上”这一句话来形容外来者劣势的情况。他们指出，当地人对这个陌生的跨国企业并不了解，因此会产生歧视风险。第二，国外公司对东道国不熟悉所带来的成本。与外国企业相比，东道国企业在经济、社会、法律和文化方面拥有更多的优势。

（3）母国环境的影响

对于跨国企业的海外经营，跨国企业母国政府都会施加一定的监管限制，这些监管限制会影响到跨国企业的海外经营绩效。例如，对于先进的技术和军用设施，美国等发达国家会进行严格的限制，因此这些领域的美国公司就无法通过向国外转移技术这一方式进行对外投资。

跨国企业在经营海外业务时，承受的外来者劣势是一直在发生变化的。通过制定合适的竞争战略及培养企业的独特能力，跨国企业能够克服或抵消外来者劣势。所以，准确地识别不同类型的外来者劣势是非常重要的，这能够帮助跨国企业降低外来者劣势的程度。总的来说，对于发展中国家的跨国企业来说，更应该主动地寻求应对的策略，才能最大限度地降低对外直接投资的政治风险，在国际竞争中掌握更多的发展时机和主动性。

3.1.3 新制度主义理论

在20世纪70年代，美国经济史学家道格拉斯·诺斯等创立该理论。他在经济史的研究中增加了制度因素，发现在长期经济增长与停滞中，制度与制度变迁起到了很大的作用。

传统的制度主要关注正式的制度，比如政党、议会和法庭制度等。20世纪后期，新制度主义的制度内涵开始变为观念、资本与规制。

在新制度主义的理论框架中，制度最初是一系列的规则、组织和规范。它是一系列行为的道德伦理规范、被制定出来的规则和守法程序，其目的在于约束个人行为，而个人行为都是为了最大化追求福利或效用。制度为人类提供了相互影响的框架，它们使得社会表现为一种经济秩序的合作与竞争关系。制度是一种规则，可以是正式的或者非正式的。正式的制度包括政府、家庭、企业、医院、工会、大学、期货市场、货币，等等。非正式制度包括习惯、价值和意识形态。

制度还表现为某种组织，即结构性的安排。在政治生活中，组织主导着人们的政治生活，各种正式的组织是现代经济和政治体系中的主要参与者，当代生活的支配性角色是法律制度和官僚机构。社会生活中的制度安排包括国家、政党、议会和官僚机构等。政治制度和组织在塑造个人动机和偏好方面发挥着重要作用。

随着全球化的发展，规制是全球治理层面的一种新的制度发展形式。规制是一种可以覆盖不同领域的协定，具有不同程度的有效性，体现在一系列原则、模式、规则与决策程序中。在全球治理体系中，全球监管是人类遵守和约束全球公民的普遍规范，因此它是核心。正是由于国际规制的存在，新的治理体制出现在国际政治生活中，表现为“没有政府的治理”。此外，制度分析方法已开始在国际政治学界被广泛采用。在《协调与合作：无政府世界中的制度》一文中，阿瑟·斯坦把国内制度的含义扩展到国际层面，他认为，国际制度形成的象征是各国决策的共同行为模式。另外，他还建立了“国际制度变迁”的理论。

制度变迁理论是新制度主义理论中的重要组成部分。新制度主义认为，制度变迁是特指一种更高效率的制度取代原有的低效率制度，并不是一般的制度变革。作为制度变迁的主体，“经济人”将从成本收益的角度进行制度变迁。只要可以从预期变迁中避免损失或获益，“经济人”将尝试改变制度。制度变迁的整个过程包括制度供给和制度需求、制度均衡与非均衡。创建和维护一种制度的能力即为制度供给，因此，从一定程度上讲，制度供给的实现过程就是制度变迁的过程。在现有制度下，参与者的利益要求得不到满足，就会产生对新制度的需要，这就是制度需求。

随着制度变迁理论的发展，新制度主义学者开始关注制度同构问题。学者们过去常常强调制度中组织形式的多样性。但是，保罗·迪马乔和鲍威尔却认为，相似性是现代组织的重要特征，一旦组织形成，就会有巨大动力产生同质性。为了理解这种同质性现象，制度同构（Isomorphism）是最恰当的概念，它指的是组织与同一环境中的其他组织之间的结构和实践的相似性。制度同构的概念是理解渗透现代组织生活中的政治和仪式的有用工具，对于这里分析企业所有制如何影响企业对外直接投资政治风险有重要的参考价值。

3.2 研究适用的分析模型

3.2.1 主成分分析

主成分分析（Principal Component Analysis，PCA）是一种统计方法。对存在相关性的变量可采用正交变换法进行转换，使之成为线性不相关的变量，转换后的这组变量叫主成分。

实际课题研究中，通常会从各个维度提出许多相关的变量。这是因为所有变量均可以从不同层面表明与课题有关的信息。

皮尔森在分析随机变量时引入主成分分析法；霍特林在随机向量中运用了此方法。一般认为可通过方差、离差平方衡量信息大小。

考虑到多变量课题存在过多变量，如果仅利用统计分析方法进行研究，其课题研究的复杂度就会非常高。从研究的角度分析，研究者普遍希望可以利用较少的变量而获取更多的信息。变量在很多时候都存在某种关联性，此时可利用变量间的相关性，解释为两个变量存在重叠的关联性。主成分分析法的重点在于去除重复的变量，减少新变量，通过有效的处理减少两个变量间的相关性。另外，为了充分反映课题，应确保这些变量能够充分体现原有的信息情况。

设法重新组合几个变量，即形成几个相互间没有关联性的综合变量，并结合需要从中选择几个综合变量以充分反映各方面的信息。此种分析法即可称为主分量分析法、主成分分析法，数学上普遍用该法进行降维。

作为常见的数学分析法，主成分分析法普遍应用于分子动力学、数量地理学、人口统计学等各个领域之中，成为最受欢迎、应用最多的多变量分析法。

该分析法的原理是重新组合具有一定关联性的多个指标，使之成为综合性的指标，并用于取代原有指标。本书第 5 章即采用这一模型，设计了中国对外直接投资政治风险的指数。

3.2.2 条件逻辑回归模型

条件逻辑回归模型属于概率型非线性回归，能够预测某事件发生的概率，主要用于研究某种现象发生和多个因素的数量关系。现实中的很多现象可以划分为两种可能，或者归结为两种状态，这两种状态分别用 0 和 1 表示。如果这里采用多个因素对 0 和 1 表示的某种现象进行因果关系解释，就可能应用到逻辑回归。

本书第 6 章即采用这一模型，量化分析了企业所有制对于对外直接投资政治风险的影响。

3.2.3 结构方程模型

结构方程模型（Structural Equation Modeling，SEM）是一种多元统计技术，包含有因素分析和路径分析。结构方程模型能够进行多变量间交互关系的定量研究。现结构方程模型在社会科学及行为科学领域里得到了大量的使用，并在近几年的市场研究中也逐渐开始应用。在结构方程模型中包括两类变量：①观测变量，可以通过访谈或其他方式调查得到；②结构变量，无法直接观察的变量，又称为潜变量。各变量之间均存在一定的关系，这种关系是可以计算的。计算出来的值就叫参数，参数值的大小，意味着该指标对因变量影响的大小。

本书第 7 章通过结构方程模型，进行了多变量相互关系的定量研究，分析了中国政府通过对外援助对于对外直接投资政治风险的管控机制。

3.3 本章结论

本章试图为本研究构筑一个集经济学、贸易学、管理学和社会学为一体的综合立体和中西合璧的理论框架和分析模型。理论框架主要包含产品生命周期、内部化理论、比较优势等相关理论。分析模型包括主成分分析法、条件逻辑回归模型和结构方程模型，用于构建中国对外直接投资政治风险的指数，为后续的企业所有制效用分析和对外援助分析提供支持。

4 对外直接投资的政治风险概述

4.1 投资风险研究的发展

国家风险、违约风险、信用风险、政治风险、安全风险等是海外投资风险分析中常见名词。不同的学者在使用这些名词时所强调的含义也时有差别。因此，有必要在分析之前对相关概念进行界定。

4.1.1 经济金融风险的研究

无论是在学术界还是实务界，关于影响对外直接投资的风险研究，尤其是与国家风险有关课题的研究，人们越来越关注政治风险。但是，就现有研究来看，也有好多以经济金融风险的维度展开课题研究。近年来，全球频频发生各类金融危机，对外直接投资活动受到了较大影响。由此，各跨国企业越来越重视经济金融风险的不利影响。在此背景下，很多学者基于跨国企业的维度研究经济金融风险与对外直接投资活动两者的关联性，探索企业对外直接投资活动是否会受到经济金融风险的影响。

项本武（2009）指出，东道国的汇率波动有助于刺激中国对外直接投资。张亚斌（2016）结合投资引力模型与跨国面板数据，通过实证研究指出，良好的商业投资环境更有助于增加投资。范馨月（2016）等人的研究均表明，如下要素具有显著促进对外直接投资流入的作用，其分别是市场规模、经济增长速度、金融发展、经济自由度、经济发展水平等。李珂（2013）以78个投资东道国（2003～2010年）的相关数据指出，金融风险具有显著抑制中国企业对外投资的作用。同时该研究指出，中国企业在选择对外投资时，更加看重经济金融风险低的问题。杨娇辉等（2015）指出，中国在对外直接投资中，存在偏好经济风险的情况。他分析这是因为中国企业对比那些较落后的国家，资本密集度更高，所以在实际投资中更具优势。黄悦琛（2015）研究指出，中国在选择东盟投资区位时，与市场规模并没有直接的关联性，这与杨成平（2009）的结论一致；而赵春明（2011）等则提出完全不同的看法，认为对外投资以市场导向型为主。

Singh 和 Jun（1995）、Lumbila（2005）、Yothin Jinjarak（2007） 和 Hemphill（2008）等研究了对外直接投资与发展中国家经济发展、金融制度的关联性。Alfaro（2004）通过研究指出，一国形成越完善的经济金融体系，越有利于引入外商直接投资，并充分发挥其作用。Li 和 Ghosh（2005）以北非和中东国家为例，研究发现除了石油储备之外，这些国家良好的经济政策更有利于吸引外资，稳定本国经济发展。Jay van Wyk（2008）通过研究指出，如果东道国（发展中国家）的经济自由度越高，那么越有利于外商直接投资流入。

研究表明，经济自由度、市场规模、经济发展水平、经济增长速度等要素具有明显促进对外直接投资流入的作用。综上所述，学者们分别从不同的角度展开研究，其所形成的结论等各个方面均存在较大的差异性，即认为影响东道国经济金融风险的因素有很多，可能与所选取的样本国以及投资国的投资目的等各方面差异有关。

4.1.2 对外直接投资政治风险研究的兴起

跨国企业海外投资政治风险研究的兴起，离不开时代背景变迁所带来的现实问题。正是不断涌现的现实问题以及由此产生的时代命题促使不断完善发展对外直接投资政治风险研究。换言之，学术界关于对外直接投资政治风险的研究与兴起与两大时代背景紧密联系：一是不断加速发展的全球经济，比如跨国企业扩展；二是民族主义的兴起，比如强化民族经济成分。

一方面，跨国企业的经济全球化扩张是政治风险研究兴起的客观背景。第二次世界大战结束后，跨国企业逐步摆脱战时经济影响，重新确立在全球秩序中的位置，它们在民用商业投入更多精力和资源的同时，也把触角扩展到全球更多角落。跨国企业再次兴起，既是经济全球化的基本标志，也是全球经济版图重新划分的过程。与东印度公司这类帝国的传统跨国企业不同，第二次世界大战后的新兴跨国企业更加强调专注于商业范畴，试图通过这种方式树立“弱政治”的专业化形象。这种尝试适应了近代以来政府、企业术业各有专攻的社会治理分工趋势，也降低了跨国企业打通地理国界门槛的政治障碍，从而刺激了新一轮的全球化蓬勃发展。当形形色色的“新鲜事物”以跨国企业这一媒介传播到东道国后，并非所有社群及力量都勇于、乐于接受。随着拒绝“新鲜事物”力量的增加，就会出现各种威胁该公司经营的风险，本书所讨论的政治风险就位列其中。跨国企业在开疆拓土的过程中，逐渐积累对源于政治的各种风险的认知，并探索不同的应对之道。20 世纪 70 年代石油危机是推动政治风险研究加速发展的导火线，在此之后，跨国企业推动政治风险研究进一步走向系统化、专业化，并形成了 20 世纪 70 年代和 80 年代初这一政治风险研究的大发展时期。

另一方面，经济民族主义不时爆发是政治风险研究兴起的现实推力。第二次世界大战结束后，兴起的民族独立运动不断地重构全球政治经济体系。以前建立在“宗主国 – 殖民地”体系基础之上的经济联系被更加强调平等权利的主权国家间经济联系取代。尽管新独立的国家与前宗主国之间仍然处在经济依赖关系和多层次的社会联系，但是，它们越来越重视独立国家身份和相应的各种权利，希望提升本国在经济领域的权利和影响力。受此驱使，部分民族国家在制定经济政策时过于强调民族主义性质，并企图通过各种方式干预西方跨国企业，从而弱化其对本国经济的不利影响，增强本国政府和民族产业在国民经济中所占的地位。另外，对于跨国企业在本国的投资，部分国家会以激进化的手段进行国有化。上述国家的政策变化立场，对跨国企业的商业活动形成了巨大的影响。为应对商业环境变化所带来的挑战，西方跨国企业加大人力、物力投入，加强对东道国国情和政策的研究，从而促使对外直接投资政治风险研究的兴起和发展。

具体到中国，近几年国际关系和国际政治学界有越来越多的人把目光转向对外直接投资政治风险研究，同样是“受命于时代”。中国公司跨国经营多年积累起大量资产，近年来对外直接投资大规模增长等使中国跨国企业与第二次世界大战结束后的西方跨国企业遭遇相似难题：避免、降低和克服政治风险，以维护对外直接投资的利益。而经济全球化导致的财富分配差异、金融危机引起的经济困境等都可能诱发政治风险，让中国公司的对外直接投资经营受到威胁。对中国学者而言，研究中国企业对外直接投资的政治风险，既是变革时代提供的机遇，更是变革时代赋予的使命。

4.2　国家风险相关文献

纵览西方学术界近 50 多年关于国家风险的研究，主要可细分为如下 5 个发展时期：

第一，古巴革命与外国资产国有化。1952 年，联合国通过了“国家自然资源的永久性主权”决议，此后相关国家不断发生资产国有化运动。古巴革命后，新政权采取措施，将美国巨额财产国有化，此事轰动了当时美国政府、学术界、企业界，国家风险研究得到了深入的研究。F.R.Root 等（1968）初步分析了美国银行对发展中国家贷款的政治风险，指出由于发展中国家的政策、经济环境发生变化，使得发达国家的商业银行贷款、政府债务出现违约的现象，这说明贷款主体正面临着国家风险①。

第二，发展中国家的国家风险与国际石油危机。1973 年，国际上第一

① F.R.Root, “The Expropriation Experience of American Companies”, Business Horizons, Vol.11, No.2, 1968, pp.69 –74.

次爆发了石油危机。此后各国开始研究应对发展中国家政治风险的方法，以期减少西方经济受石油危机的不利影响。

第三，国际信贷风险与拉美债务。20 世纪 80 年代，拉美债务危机爆发，并引起了相关领域的关注，学者基于海外信贷风险深入分析国家风险问题。其中，Mark Gersovitz（1986）和 Joseph E.Stiglitz 等（1986）从发展中国家的维度论述了由于债务人违约而引起的风险。

第四，亚洲金融危机研究。1997 年亚洲金融危机给各国经济发展造成巨大的影响，除了直接影响之外，还产生了一系列多米诺骨牌效应。在此背景下，全世界的学者积极研究国家风险。很多发展中国家也深入研究与国家风险有关的理论及其防范措施。卡明斯基对比分析了 20 个国家在 1970 ~ 1995 年发生货币危机的相关数据，并监测预警了由于金融运行而导致的国家风险。马丁·费尔德斯坦指出，金融危机以前只会出现在新兴市场，随着金融危机发展，其危害性越来越大，甚至会引起全球性的危害，特别是对全球政治的稳定性影响更大。

第五，国家风险研究。21 世纪以来，学术界进一步扩宽研究视角，这一时期关于国家风险的研究更加丰富，除了各国的投资摩擦、国际贸易之外，禽流感、恐怖主义等都成为学者们进行国家风险研究的突破口。DavidD.Hale 指出，随着学术界研究的深入，人们对于国家风险的研究也将更加丰富，并形成更丰富的内涵。“永远有决定国家风险因素的不同组合，而只有市场才能决定在特定历史时刻哪一些因素是重要的。”当前国家风险已经充分市场化，不再仅基于国家主权领域，更准确地说，市场国际债务问题延伸和扩宽了国家风险。国际市场上的国际资本流动，比如金融衍生品、债券等普遍存在，由于某些国家“不能”或者“不愿”履行合同而引起的各类风险，而一旦出现此种国家风险，必然使外国资产造成较大的损失。

4.2.1　国家风险的内涵

20世纪50年代，银行跨境业务开启了学术界研究国家风险的热潮。一国政府金融机构向其他国家政府、企业提供跨国贷款时，在双方合作中可能出现海外贷款风险，而此类风险其实就是主权信用风险、国家风险。无论是学术界还是企业界都在积极研究国家风险。深入分析国家风险，有助于正确解读全球化的发展规律、变化形式；深入分析出现风险机制的因素，可以帮助政府或企业及时制定有效的防御机制，减少风险的不利影响。此外，国家风险的研究，还有助于国家调整国际投资战略、外交策略，减少因为国家风险而给企业发展造成的不利影响，科学制定有效的国家政策。

纳吉（1978）提出，“国家风险并非是由于投资企业而引起的，其风险来源于国家宏观层面，即由于国家宏观方面的原因而使企业在进行跨国投资时面临着巨大的风险”。纳吉认为，国家宏观层面事件会导致国家风险，如政治经济形势、国家政策的变动等。企业只能被动接受国家风险，对企业来说，国家风险是不可抗力。纳吉对国家风险的解读，为后来学者对国家风险的研究开辟了新的视角——国家风险具有链式传导效应，并且随着投资领域的不同，企业对国家风险的关注点也随之不同，因此，国家风险的内涵就不仅仅包括国家信用，还包括政治、法律、人文等多种相关的社会因素。

此后，很多西方学者深入研究了国家风险，这其中包括邓肯·麦德姆，且研究不再仅局限于国际债务问题①，而是进一步扩大国家风险内涵研究。学术界普遍认为，国际资本流动（债券、股票、金融衍生品）都客观存在由于国家不履行合同而导致的违约风险。对于企业而言，一旦其跨国

① Duncan H.Meldrum,“Country Risk and a Quick Loo kat Latin America,” Bussiness Economics, Vol.34, No.3, 1999, pp.30 –37.

投资的国家存在此种情况，必然使之面临着较大的风险。在全球化时代，西方学者进一步扩大了国家风险的研究维度，从服务贸易、跨国投资等领域展开研究。

20世纪90年代以后，西方大批学者如梅尔德伦、莱尔巴斯等都对国家风险的内涵做了进一步的延伸。莱尔巴斯在1999年完善了国家风险的概念，他得出结论，东道国的政治、经济以及社会环境的变化都会产生国家风险和主权信用风险，而且会对投资国产生非常大的影响。对外投资企业应合理评估东道国的国家风险，对东道国的市场进行分析，从而减少投资造成的损失。但是，莱尔巴斯主要是从国家主权评级和债务危机的角度来定义国家风险，没有注意到政治环境、经济环境、金融稳定、社会稳定等研究视角，这也是他对国家风险定义的不足之处。梅尔德伦（2000）从6个角度综合研究了国家风险，包括政治、经济、主权、汇兑、地域以及转移风险。他第一次把宏观经济因素纳入国家风险的研究范畴，突破了前人只从政治风险的视角研究国家风险的局限。

此外，瑞士银行家协会、巴塞尔委员会、经合组织等都给国家风险做出了相关定义。巴塞尔委员会把国家风险定义为：国家风险是资本在国际流动中所面临的，因受国家层面特定事件的影响而使得东道国违约，从而给投资国或投资企业带来损失的可能性。很明显，巴塞尔委员会对国家风险的定义仍然局限于债权债务领域。瑞士银行家协会认为，经济形势和国别政治的变动是导致国家风险产生的根源。国家风险包括其他国家风险和转移风险，其他国家风险包括政治经济等因素的变化导致市场流动性等方面的风险，转移风险包括对资本和货币在国际市场上自由流动的限制。经合组织国家在《关于官方支持的出口信用准则的约定》中，提出国家风险应该包括5个要素：①政治经济事件导致贷款被延迟转移或者禁止转移；②东道国政府或机构命令停止付款；③任何来自东道国政府的阻碍；④法律造成的不能自由兑换资金；⑤战争、骚乱、革命、自然灾害、国家征收及核事故等造成的不可抗力。

全球化背景下，西方学者逐渐扩大研究范围，开始从服务贸易、跨国投资等领域展开研究。虽然研究视角有所扩展，但是直到现在也尚未统一国家风险的定义。国家风险，具体可指外国投资者企业在对外投资、进行贸易活动或者贷款等相关活动中面临东道国危险的程度。即由于国别经济、政治形势发生变化而使外国资产遭受到风险的情况。此种风险是因为国家经济主权造成的，并不被国外居民所控制，所以有可能出现无法履行国际商务合同的情况。这里的国外居民一般指政府、企业或者国外自然人。

很多学者基于纳吉关于国家风险的定义与认识展开研究，并提出各个投资领域的企业对国家风险的关注点、侧重点是不同的。另外，这些研究普遍认为，国家风险存在链式的传导效应，所以除了在国家信用这一维度展开课题的研究之外，还应该充分考虑法律、政治、人文等各方面的影响因素。

20 世纪 50 年代，国际银行在开展跨境业务时率先提出国家风险这一概念。当时在国家金融机构为其他主权国家或者境外企业提供贷款服务时，可能存在海外信贷风险。此类风险即为主权风险或者国家风险。纳吉将国家风险定义为“跨边界贷款中导致损失的风险，这种损失是由某个特定国家发生的事件所引起，而与企业或个人无关”①。该观点得到学术界的普遍认可。

正如上文所述，国家风险主要可细分为如下 3 个部分：经济风险、社会政治风险和自然风险。其中社会政治风险又可细分为社会风险、政策决策风险、政治风险等各个方面。比如，政治组织、社会团体、政府机构在跨国经营活动中产生的资产损失风险属于社会政治风险；东道国金融领

---

① P.J.Nagy, “Quantifying Country Risk: A System Developed By Economists At The Bank of Montreal,” Columbia Journal of World Business, Vol.13, No.3, 1978, pp.135 –147.

域、经贸方面的风险，则可称为经济风险。对于外国企业而言，由于东道国存在上述风险，因此其实际发展必然会受到较大的影响。自然风险，顾名思义指的是与自然方面有关的风险，比如瘟疫、地震等各类突发事件、自然灾害造成的风险。虽说自然风险也属于国家风险的重要组成部分，但是学术界一般不围绕自然风险研究国家风险，所以相关评估报告中也未必会有此类风险的分析。比如2003年，包括中国等很多国家出现SARS事件。2003年度风险评估时研究了此类流行疾病因素，但是2004年以后风险评估中就不再包含此类因素了。

通过上述的分析与研究可知，学术界关于国家风险的研究普遍将社会政治风险作为基本切入点。这是因为社会政治风险可能导致政府做出一些对外国债权人、投资者不利的决策，并且造成较大的影响；另外，此类风险也涉及东道国非政府方面的对外国企业可能构成价值损害的社会行为。

政治风险主要来自政府干预市场交易，比如改变商业合同、阻止外国企业进行相关投资活动甚至没收其财产等。斯特芬·H.罗伯克（1971）认为，在跨国经营中政治风险主要呈现出下述特点：①跨国经营中可能由于政治风险而无法连续性经营；②这些不连续性难以预料；③由于东道国的政治发生变化，波及外国企业，导致企业价值减少[①]。

4.2.2 国家风险的形态

在全球化经济的背景下，经济因素也是引起政治风险的主要原因。比如，国家的非政府组织行业协会、政党等，会千方百计地采取各种手段对本国政府施加压力，排挤外资企业，实施贸易政策、投资政策。东道国政府在面对本国非政府组织与其他国家投资公司时，往往会更加偏袒本国社会的行为，甚至存在公开支持的情况。此外，东道国还有可能因此而改变

① S.H.Robock, "PoliticalRisk: Identification and Assessment," Columbia Journal of World Bussiness, Vol.6, No.4, 1971, pp. 6 – 20.

对外资政策，如此一来，外资企业即有可能需要面临着更多的未知数与风险。以往的学者普遍仅基于经济风险的角度探讨国家风险，但是当前世界政治格局已经发生了较大的变化，所以在研究评估国家风险方面应该更加重视社会政治风险。事实上，这些风险都是通过投资、信贷和国际贸易这三个领域影响企业跨国经营的。

正如上文所述，国际贸易、国际信贷和国际投资是产生国家风险的三大领域。东道国的国家风险对跨国经营活动的企业影响非常大，一旦出现国家风险，则必然会影响企业的经营活动。另外，贸易投资等商务活动的收益随时可能遭受损失。例如，汇率政策直接影响到企业的进出口贸易情况和海外投资收益。因此，在分析与评估国家风险时，必须对本国及东道国的汇率政策、汇率管理和汇率变动趋势等汇率风险进行认真考虑。当然，因为不同的企业通常会采取不同的方式进行跨国经营，所以国家风险的表现特征及其影响也会存在较大的差异性。

综上所述，可将国家风险理解为外国资产在东道国进行贸易、贷款与对外投资过程中所面临的危险程度。同时，国家风险一般与东道国的经济形势变化、政治等方面的原因有关。国外居民的国家经济主权行为是其中最为主要的特征，国外居民无法控制国家风险，而且此类风险还会影响国际商务合同的执行。

（1）国际贸易领域

国际贸易中的国家风险是多方面的，具体包括东道国与母国在配额限制、关税等方面引起的贸易争端；货币风险（利率、汇率等方面）；除此之外东道国单方面悔约、拒绝已经签订的贸易契约也是国际贸易中不可预防的风险。国际贸易领域的国家风险主要包含如下 4 个方面：①贸易对象国不仅单方面悔约，不承认已签订的契约，同时还拒绝赔偿由此而给本国企业、银行、政府带来的损失；②贸易对象国家以强制的方式关闭国内市场，不允许本国商品进入；③税率、外汇管制方面出现异常；④双方由于政变、革命、战争等方面的问题而遭受巨大的经济利益损失。

（2）国际信贷领域

具体可围绕如下5个方面分析国际信贷领域国家风险表现形态：①债务人否认债务，不承认约定，不愿意按合同还款；②延期偿付，针对无法按期偿还债务的客观事实，债务人提出一定时期内停止偿还或者延长偿付期；③拒付，在债务人没有能力偿付债务的情况下，采取拒付的策略；④技术拒付，债务人由于债务管理方面的原因，债务人表示不能偿还债务的状态；⑤重议利息，债务人出于减轻自身负担的考虑，而重新对原有债权债务契约进行调整，调整合同的原有利率。

（3）国际投资领域

国际投资是企业置于外国的特定资本，即转移部分资源到其他主权国家的资本流动。从国家风险形态的层面分析国际投资领域，企业可能存在下述风险：①正式征用，即当地政府没收或者无偿征用投资者的财产，即对其财产逐步实施国有化处理；②限制，当地政府出于某种目的通过外汇管制措施，要求企业必须在规定范围内才可向母国汇回利润等暂时性的管制措施；③干预，当地政府以强制征税等措施干预企业营业，或者制定商品内销价格，禁止外国公司进入的行业与领域，规定流通渠道，明确规定内销比例等等；④强制出售，政府“要求”外国公司必须以低于市场的价格向当地企业、政府出售资产，而拒绝以任何形式补偿外国企业；⑤重议契约，政府以强制性的方式变更或者修改与其他外国公司合作的协议，而且不给予任何形式的补偿；⑥政治损失，由于东道国国际政治环境不稳、出现巨大变化而对外国投资者所造成的影响；⑦企业母国与东道国双方出现战争等严重事变，使投资者面临资产损失；⑧东道国出现军事政变、革命或者政治动乱等等，造成投资人的营业利润损失。

本书借鉴了前人对国家风险的研究，对国家风险进行了如下定义：国家风险是政府层面或国家之间相互联系的，由于东道国的政治、经济、社会、人文等的差异以及不可抗力的存在，使得投资企业出现损失的可能性。因此，可将国家风险理解为一个风险集合，其融合了政府行为、国家主权、社会文化以及不可抗力等多种因素。通过梳理对外直接投资的相关文献，本书发现，国际生产折衷理论、比较优势理论都涉及了对外直接投资的不确定性问题。这些理论普遍认为，企业在选择对外直接投资区位时，应充分考虑东道国政治、经济、社会文化等各方面的不稳定因素。但是由于国际上各国的政治、经济均处于瞬间万变的状态之中，所以不可仅以对外直接投资动因、拉动因素等单一的层面研究对外直接投资，而是应该基于全新的视角展开研究，即增加国家风险这一全新视角，以期进一步丰富对外直接投资理论。

4.2.3　国家风险的评估方法

一些国际风险咨询服务机构都曾经对国家风险进行评估。国际上最具影响力的国家风险测评机构有两个：政治风险服务集团（Political Risk Service Group，PRS）和机构投资者（Institutional Investor，II）。从学术研究的角度来看，量化分析国家风险时，应建立一套全面的影响因素，这是科学分析国家风险评级系统的关键，只有这样才能准确地分析国家风险评价。比较而言，PRS 定期发布的《国际国家风险指南》（*International Country Risk Guide*，*ICRG*）与机构投资者的国家风险测量方法有着较大的差异，主要原因就是彼此选定的国家风险影响要素不同。ICRG 涵盖的要素多，而且比较全面；而 II 涵盖的要素则是相对简单。这样，在评估国家风险时，前者往往要客观和全面，后者则显得比较主观和片面，参考价值相对低一些。因此，这里重点对 PRS 的评估系统进行分析。

（1）国家风险指南的国家风险评估系统

PRS 1980 年开始定期（以季度为基础）发布《国际国家风险指南》，逐月更新相关数据，当前已经可覆盖全球 140 多个国家。其所提供的国家风险预测包含短期（18个月）与中长期（5年）两种类型。企业在准备跨国经营前，普遍会参考该机构所提供的国家风险预测资料。

表4.1　国家风险影响因素分值

政治风险	分值	经济风险	分值	金融风险	分值
政局稳定状况	12	人均GDP	5	外债占GDP比重	10
社会经济条件	12	经济增长率	10	外债占出口商品与服务比重	10
投资执行状况	12	年通货膨胀率	10	经常项目占出口商品与服务比重	15
有无内部冲突	12	财政收入占GDP比重	10	国际资本流动比率	5
有无外部冲突	12	国际收支占GDP比重	15	汇率稳定状况	10
政府腐败状况	6				
军队在政治中的影响	6				
宗教状况	6				
法律与秩序	6				
种族状况	6				
政党发展	6				
行政效率	4				
政治风险总分	100	经济风险总分	50	金融风险总分	50

资料来源：Michel Henry Bouchet，Ephraim Clark and Bertr and Groslambert，Country Risk Assessment：A Guide to Global Investment Strategy，NewYork：Wiley，2003，pp.86–87.

《国际国家风险指南》从3个角度说明国家风险：政治风险、金融风险和经济风险。其中政治风险主要取决于偿付意愿；而金融风险和经济风险与偿付能力有关。更具体地说，三大风险又有着各自的影响因素，国家风险指南甄别这些因素的影响力大小，并给出不同的风险分值（见表4.1），其中，政治风险的最高分值为100，经济风险与金融风险各自的最高分值均为50分。分值越低，表明该类风险越大；反之，表明该类风险越小。

通过分析三大风险类别的总分，即可对应计算出国家风险综合指数，即评价该国风险状况的指标。具体可结合如下公式进行计算：

$$CRR = 0.5 \times \left(PR + ER + FR\right) \tag{4.1}$$

式中，$PR = \sum PR_i$，$ER = \sum ER_i$，$FR = \sum FR_i$

式 4.1 中，*CRR* 为国家风险综合指数，*PR* 为政治风险指数，*ER* 为经济风险指数，*FR* 为金融风险指数。

i 指表 4.1 中政治风险、经济风险和金融风险分别所对应的影响因素。具体而言，政治风险指数 PR 的总分，是从“政局稳定状况”到“行政效率”共 12 项影响因素得分的汇总；经济风险指数 ER 的总分，是从“人均 GDP”到“国际收支占 GDP 比重”共 5 项影响因素得分的汇总；金融风险 FR 的总分，是从“外债占 GDP 比重”到“汇率稳定状况”共 5 项影响因素得分的汇总。

各种风险指数均介于 0 ~ 100，分值 100 表示风险最低（见表 4.2）。

表 4.2 《国际国家风险指南》国家风险评级系统

国家风险综合指数	风险程度
0 ~ 49.5	风险极高
50.0 ~ 59.5	高风险
60 ~ 69.5	风险适中
70 ~ 84.5	低风险
85 ~ 100	风险很低

资料来源：Michel Henry Bouchet，Ephraim Clark and Bertr and Groslambert，Country Risk Assessment：A Guide to Global Investment Strategy，NewYork：Wiley，2003，pp.86–87.

（2）标准普尔（Standard Poor）的国家风险评级

标准普尔结合定量、定性评估国家风险，并将风险细分为 8 个方面，其分别是政治风险、外部债务与流动性、收入与经济结构、国际收支平衡、经济增长展望、价格稳定性、财政的机动性、公共债务负担。此外，该评价强调应该充分考虑其他因素。主权国家在各个评估类别中获得 1 ~ 5

分的得分。其中 1 分表示最好；5 分表示最差。标准普尔同传统测量法最大的区别，主要体现在并没有以确定的公式组合上述各影响因子。

4.3 政治风险相关文献

4.3.1 政治风险的内涵

关于政治风险的研究，最早可以追溯到 20 世纪 60 年代，此后涌现了许多关于政治风险的研究文献，但直到当前，学术界仍未统一定义政治风险。外国学者在早期研究中形成了系列理论，这其中包括不连续论、东道国干预论、来源论，等等。本书梳理已有文献，归纳出三类政治风险定义：政府干预型、政治事件和综合性定义。

广义的政治风险是发生在东道国或者由于国际环境造成的政治力量和政治事件，使得公司运作中断的可能性。在东道国，政治风险很大程度上是由不确定性决定的，不仅包括政府和政治机构的行动，还包括少数族群和分离主义分子的行动。

政治风险是企业在国际市场应对的主要风险之一。能否克服政治风险带来的挑战事关跨国企业成长的前景。克服风险、消除威胁向来是人类生存的基本要义。人类社会各领域的发展都以风险识别和应对作为支撑。然而，当代风险管理起源于 20 世纪 20 年代到 30 年代的大规模生产时期，关于跨国企业对外直接投资政治风险的系统分析出现得更晚，直到第二次世界大战结束之后，随着新一轮全球化的发展，具有当代意义的政治风险研究才在国际商务、国际关系和国际政治等领域渐成气候，并最终使风险管理作为研究领域的显学出现，现在已经催生了一个又一个学科。然而，政治风险作为当代社会科学的重要学科交叉点，迄今为止很难算得上体系完备，其知识积累仍处于快速发展阶段。尽管定量方法广受政治风险研究者所青睐，但仍有部分学者认为给政治风险赋值比给经济或金融指标赋值更难。

Root 基于不确定性定义政治风险，即本国或者国外可引起跨国企业资产损失或者影响其未来利润的各类政治事件。Lensik（2000）等在研究中基于政治风险的成因、表现特征及其他经济活动的关系论述并外延了政治风险的内涵。经济学领域最早提出政治风险这一概念，具体指由于政府内部的某些因素而影响政局稳定性的风险。《路透金融词典》（*Campbell R.Harvey's Hypertextual Finance Glossary*）则在其定义中对这些因素进行了列举，认为政治风险是资产征收、税收政策变化或一国商业环境的其他因素变化的可能性。Howell（2011）等学者在研究中将政治风险归为影响商业环境的政治事件、决策、社会事件。而这些风险会影响投资者的投资收益，甚至造成投资亏损①。美国非营利机构兰德公司深入研究了公共福利与国家安全，并为相关企业提供咨询服务。该公司的咨询顾问 Simon（1982）指出，国际交易中东道国国内外对投资者的营运和投资具有消极影响的政策、政府行为都可称为政治风险②。美国布鲁克学院（Baruch College）的 Sethi 教授和维克森林大学（Wake Forest University）的 Luther 教授认为，很难用一个定义对政治风险进行界定，指出应具体基于风险的类型、程度划分政治风险。但是，由于外国投资者自身的原因，很难做到全面深入地了解东道国政治风险，尤其是当前整个国际政治经济环境处于瞬息万变的状态之中，由此进一步加大了预测难度。

《国际国家风险指南》（*International Country Risk Guide*，*ICRG*）属于全球顶级国家风险分析、评级商业指南，具有较大的参考价值。1980 年，美国国际报告集团编制了 ICRG。该指南评估了全球 40 多个国家的经济、金融、政治的风险，包括测评了其中 26 个国家的年度风险。其中有 50%

① Howell.L.The Handbook of Country and Political risk Analysis（3rd ed.）.East Syracuse.NY：The Political Risk Services Group.2001.

② Simon J.D.Political Risk Assessment：Pasttrends and Future Prospects. The Columbia Journal of World Business.1982.17（3）.pp62–71.

为政治风险的评估。指南在具体评估政治风险方面，主要考虑了其中的12个影响因素，并针对各项因素提出分值，评估各国政治稳定情况。12项影响因素分别是：①政府稳定性；②社会经济环境；③投资情况；④内部矛盾；⑤外部矛盾；⑥腐败；⑦军队干预政治⑧宗教关系紧张程度；⑨法律和社会秩序；⑩种族关系紧张程度；（11）民主问责制；（12）行政机构。综合评分满分100分，分值越高，则说明风险较低；相反分值越低，则说明东道国面临着很大的风险。

1992年2月，ICRG的创立者转投PRS集团（Political Risk Services Group），而PRS集团一方面定期发布ICRG，另外一方面结合风险的等级提供国别风险报告，并将风险划分为4个等级：低、中、高、极高。如果属于低风险国，则其极少发生因政治因素引起的暴力事件，基本影响不到国际投资；评级属于中等风险的国家，可能存在偶然性的恐怖主义、骚乱行为以及严重的劳资纠纷、动乱等情况。如果一国被评为高风险国家，则其存在较高的潜在暴力威胁，对国际投资影响较大。极高风险国家的动乱可能已经接近战争的状态。

美国商业环境风险评估公司（Business Environment Risk Intelligence，BERI）每年3次（分别是4月、8月、12月）评估50个国家和地区的风险，并发布《经营环境风险资料》，公布各国政治风险指数。在评估政治风险方面，一般需要考虑以下3项指标：①外部影响因素，具体包括国内主要敌对势力、其他地区势力的负面影响。②内部影响因素，包括政治派系及其权力，语言、宗教群体与民族及其权利，维持权利所形成的各类限制性措施，包括腐败、民族主义等思想意识形态，包括分配制度、人口密度等社会状况，可产生极左政府的势力组织状况。③潜在影响因素，各类社会冲突，包括街头暴力、罢工、示威等等，游击战争、政治暗杀及其他不稳定性因素。BERI同ICRG一样也采取了百分制，如果评估分高于70分，则说明企业并不会受到政治变化的严重影响，也不会出现重大的社会动乱；如果评估分在 55~69 分，则说明其国家风险属于中度风险，即已经发生影响企业发展的政治变化了，极有可能发生动乱；如果评估分为 40 ~ 54 分，则说明为高风险，这说明企业在不久的将来或者当下已经存在影响企业发展的政治态势了，存在周期性社会动乱的隐患；如果评估分在 39 分以下，则说明企业的经营已经受到政治条件的严重影响了，随时都有可能出现财产损失的情况，这也表明该国已经不再适合进行投资了。

其他一些风险评估机构，还有风险控制信息服务中心（Control Risk Information Services，CRIS）、经济学人信息部（Economist Intelligence Unit，EIU）、欧洲货币机构投资公司（Euromoney Institutional Investor）、标准普尔评级公司（Standard and Poor's Rating Group）和穆迪国际评级机构（Moody's Investor Services）等，这些政治风险评估机构为外国投资者在东道国投资提供了理论的指导，而评估报告中政治风险的影响因素也在一定程度上为法律上定义政治风险做铺垫。

（1）国际法上政治风险的定义

多部国际法都出现了“政治风险”这一专业术语，但是鲜少有文件明确界定政治风险的内涵。1988 年，巴塞尔委员会为了规范信用风险，而提出《巴塞尔协议》这一跨国规范。该规范主要是为预防由于各国资本需求存在差异性而引起不公平竞争，进一步巩固银行体系。《巴塞尔协议》是国际银行统一监管的划时代文件，在国际金融界是“神圣公约”，在办理各类国际业务的银行机构中得到普遍性地应用。2003 年，该委员会大幅修正了协议，并形成了《新巴塞尔协议》，在专门性贷款的监管分类标准中，将政治风险作为项目融资风险监管评级的考量因素。

在 2011 年发布的《世界投资和政治风险报告》中，多边投资担保机构将公司经营活动受到政治力量或事件影响的可能性定义为政治风险。这里的政治事件、力量包括发生在国际环境或者东道国国内的各种风险。投资国的海外投资保险机构和多边投资担保机构均基于政治风险的表现形式，具体划分了政治风险。其中在《多边投资担保机构公约（1988）》中，多边投资担保机构为了鼓励外国投资投向发展中国家，从以下4个方面缓解政治风险对外国投资者的影响，由多边投资担保机构承保：战争和内乱险、政府违约险、征收和类似的措施险、货币兑换险。

（2）国内法上政治风险的定义

由于国际投资中政治风险发生后一般会给外国投资者带来难以估量的财产损失，所以外国投资者一般会向本国保险公司转移风险以维护自我权益。因此，投资国保险公司通常会以条例的方式明确规定政治风险，而投资国的国内法一般不会明确定义政治风险。20世纪80年代后，中国逐渐加大对外投资。但是由于尚未形成规范性的法律法规，所以中国对外投资虽然整体得到发展，但是，处于无序的状态之中，很多投资者普遍遭遇巨大的政治风险。1985年中国人民保险公司结合相关法律，发布实施了《外国投资保险（政治风险）条例》。该《条例》中明确规定财产保险内容包括本国投资者在对外投资中所面临的政治风险。然而该《条例》并未明确定义政治风险，仅较为粗略地说明其含义，"投资政治风险保险，是指被保险人（一般指投保人）支付给保险人一定的保险费，保险人对被保险人投资的财产遇到国有化和征收或者战争破坏、政府外汇管理的严重限制等，不能收回投资而遭受损失的，承担赔偿责任"。综上所述，《条例》中的政治风险，具体指由于政府外汇管理、战争、征收、国有化而对企业造成的风险。2010年中国商务部出台的通报制度中，才从法律的层面定义了政治风险："政治风险是指驻在国的政局变化、战争、武装冲突、恐怖袭击或绑架、社会动乱、民族宗教冲突、治安犯罪等。"

其他国家的法律也仅列举了政治风险的类别，并未进行明确的定义。美国的海外私人投资公司（1971）将政治风险细分为如下三大类：货币兑换险、征收险、政治暴力险。1972年，英国正式建立了海外投资保险制度，该制度主要针对本国海外投资者提供如下3项保险业务：战争、征收、禁兑。1959 年，德国的《海外投资担保准则》中的保险业务除了包含上述 3 大项之外，还增加了资本自由流动。1978 年，日本在《输出保险法》中明确指出，其承保的政治风险为征用险、战争险、外汇险 3 类。1989 年，日本针对政府违约险专门设立了独立的担保业务，对企业由于东道国政府违反契约义务而造成如下情况给予承保：不可能继续营业；发生破产或者类似情况；银行停止与企业交易或者类似情况；业务活动被停止超过 6 个月以上。

（3）政治风险的学理定义

当前，各国投资法、军事法、合同法等相关领域都深入研究了政治风险。其中，合同法对政治风险的定义较为狭窄，即一方与政府签订合同或者购买主权债务，在东道国进行商业经营活动，但是却面临政府违约或者征收投资等方面的风险。Fred Schauer（2001）基于军事法学的角度定义了政治风险，他认为："政治风险是指官员的政策倾向性存在不一致或不一致可能性的危险，即政策在法律所追寻的价值目标上存在不同。"

直到当前，国际投资领域的学者并未统一界定政治风险，现有研究普遍根据引起政治风险的原因定义政治风险，认为政治风险仅限于与东道国政府相关行为有关的政治事件、政治因素。比如，有学者指出，由于东道国的政治因素发生变化，而对国际投资活动造成影响，引发的损失风险即为政治风险。另外，有学者在定义政治风险时列举了政治事件，比如关乎东道国频繁的更迭政权；东道国的政局不稳定；对于外国投资者所制定的政策存在不稳定性；东道国依据法律规定采取国有化、没收、征用等手段处理外国投资者的企业及其资产；外国投资企业由于东道国出现革命、战争、内乱而遭受风险损失或者企业经营发展受到影响；东道国对外国投资者实施限制、禁止策略，比如禁止企业将利润、资金或者其他收益兑换并汇回本国。此外，有学者结合政治风险的特性定义了政治风险，这一观点认为与东道国政府有关的行为，比如战争险、征收险等非投资者所能控制的风险均属于政治风险，同时认为此种风险可归属于商业性风险的范畴之中。

就多边投资担保机构和经济学人信息部政治风险调查而言，政治风险的定义包括下列内容：①转移与可兑换限制：投资者不能将本币兑换为外汇以转移出东道国，从而造成的损失风险，但货币贬值不包括在内。②征用：因政府任何分支机构的歧视行为而导致的投资损失，例如通过政府单一的行动，或通过行为的积累，减少或消除投资的所有权、控制权或者其他权利。③违约：东道国政府与投资者签订合同发生违约或抵赖，包括不履行仲裁协议，从而造成的损失风险。④不履行主权财政债务的风险：对新项目开发的融资或现有项目的改进，政府进行了全额、及时偿还债务的政府担保，由于政府不遵守担保而造成的损失风险。⑤恐怖主义：由于非政府组织因政治原因的暴力行为而造成的损失风险。⑥战争：由于有组织的内部冲突或外部冲突，引起破坏、失踪或人身损害而造成的损失风险。⑦民事骚乱：社会动荡造成的损失风险。⑧其他不良监管变化：因为随意改变规章制度，给外国投资者带来的损失风险。

企业面临的外部环境具有不确定性和复杂性两个基本特征。不确定性是指企业外部环境变动难以预先确知；复杂性是指构成企业外部环境的政治、经济、社会、技术、文化等因素是一个综合体，各方面相互交织，难以迅速辨明。外部环境充满不确定性和复杂性，使企业在跨国经营过程中十分重视多层次的环境评估分析，从而帮助企业达到趋利避害的目的。这类风险分析一般会涉及基于企业自身管理特点的经营风险、基于市场不确定性的市场风险、基于投资目的的整体环境的东道国风险。不同学科从自身的理论和方法出发，对企业海外投资风险进行探讨，经济学、管理学、法学、国际政治学等都参与其中。

本书综合商务部及相关学者的结论，将政治风险定义为由于政府行为或者与政府有关的因素而使得企业遭受损失、中断经营活动等可能性。比如外交关系风险、宗教冲突、政权变化等均属于此类风险。

4.3.2 政治风险的诱因

跨国企业海外投资面向的是多层次的政治要素，它们都可能成为政治风险诱因。政治风险诱因可根据企业活动的范围界定划分为不同类型，最宏观层面是国际政治体系，中观层面是国家，微观层面则是次国家行为体。

首先，地缘政治竞争。中国企业对外直接投资同样需要重视政治因素，努力克服政治因素带来的不利影响。地缘政治竞争是基于均势原则而形成的，极有可能引起政治性风险。结合该原则分析对中国影响力产生影响的因素，可能存在以逼迫或者公开说明等方式进行限制、制约。

其次，地理因素是国际关系行为体的能力、机会等的重要限制因素，影响国家和其他行为体的选择。20世纪中叶以前，关于地理因素影响的研究认为，国家由于自然资源或者地理位置，而得以享受优势或者处于重要地位之中，换言之，环境也是国家制定对外政策的一个重要参考维度。然而，随着科技发展，地理因素的重要性明显地下降，不管在军事安全领域和经济领域都是如此。人们关注的焦点也更多地从地缘政治转移到地理因素与冲突的关系。但是，这种转移并不表明地理因素已经从国家间冲突名单上除名。由于不同国家和非国家行为体对相同地理因素所包含的价值、意义等的理解，以及对待地理因素的态度、政策等常常存在差异，有时甚至彼此相反，所以，地理因素在科技迅速发展的全球化时代依旧扮演着政治风险重要诱因的角色。

4.3.3 政治风险的类型

在国际经济贸易领域，政治风险可以分为宏观与微观政治风险两大类。由于国家宏观经济政策方面的变化而引起的风险，即宏观政治风险，对于所有在东道国投资的外国投资者而言，所造成的影响基本一样。1985～1989年期间，赞比亚、安哥拉、智利等国家都向其外国投资者进行普遍征用，不论投资企业大小。微观的政治风险，一般指东道国针对某些特定的行业制定出限制性的规范。如1980年加拿大就针对石油工业提加拿大化，通过此种方式降低外国人在本国石油工业的占比。实行该政策后，外国人在石油工业中的占比变为50%，而此前则为75%。

英国E.R.Yescombe（2002）基于项目融资领域展开研究，指出政治风险主要可细分为如下三大类型：投资风险、法律风险和准政治风险。投资风险包括政治不可抗力（战争和内乱）、项目的国有化以及货币的兑换和转移。法律风险即东道国改变与投资有关的法律而引起的风险。准政治风险，一般指由于既涉及商业因素又涉及政治因素的合同纠纷引起的风险。

对于外国投资者而言，征用风险、国有化都是其最为担心的风险。比如美国Anacondag公司国有化案就属于此类风险。近年来，全球经济发展瞬息万变，进一步加大了外汇管制、货币方面的风险。基于此，本书将进一步扩展政治风险研究，围绕外汇、国有化、征收、战争与内乱等层面研究政治风险。在国际投资的实际业务中，各方面也都越来越关注上述这些政治风险。

从企业的角度分析，由于国家政治因素而给企业造成的损失，统称为政治风险。政治风险类别并没有相对统一的划分标准。基于上述内涵，将政治风险分为3种类型。

（1）歧视性干预风险

东道国政府出于某种目的而采取某些手段，使得跨国企业及其资产处于危险的状态之中。比如，东道国政府通过国有化、征用、没收跨国企业及其投资资产的政策，对企业造成巨大的影响且一般不会对企业提供补偿。另外，即使企业能够从东道国方面获得赔偿，也仅是实际资产价值的一部分。由于上述这些措施可全面处置、干预跨国的企业经营投资，因此此类歧视性干预属于“严重的歧视性干预”。“轻型的歧视性干预”指的是东道国出于某种目的，以各种形式审查跨国企业或者改变相关外汇政策、税收政策。对比上述的国有化政策，此类干预企业投资经营的政策强度较轻，但是依然会冲击跨国企业的正常经营。虽说中国在对外直接投资中同样存在上述“严重的歧视性干预”风险，但是总体上说风险并不是很大。中国企业在对外投资中最为普遍的风险主要以“轻型的歧视性干预”为主，比如不规范的政府审查、调整管理政策，等等。

（2）政府违约风险

对于正在进行海外投资的企业而言，政府违约也是非常常见的风险。所谓政府违约风险，是指东道国政府及其所属企业以各种理由拖延、拒绝与跨国企业及跨国企业的母国签订合同。对于投资者而言，如果其海外投资中的东道国政府、有关企业不愿履行此前已经签订的合同的义务，那么其就算是通过仲裁机关、司法也很难得到有效的解决、规避损失。另外，东道国的政府相关关联企业，可能会由于第三方干预、官员腐败等因素的影响，而不支持企业经营，甚至以各种措施进行阻止。对于中国企业而言，在中亚投资中最为严重的风险莫过于此类风险。国际主流信用评级机构评级结果显示，很多亚非拉国家存在这方面的问题，需要提高其履约能力。中国在对外直接投资中不可忽视违约风险所带来的不利影响。

（3）政治暴力风险

跨国企业受到东道国政治动乱、战争或者极端势力袭击等各种因素的影响，而被迫终止项目或者企业财产等各方面遭受到巨大的打击而引起的风险。由于此类风险的破坏性非常大，控制难度大，所以仅采用常规的控制方法很难达到较好的控制效果。因此，政治暴力得到各领域的广泛关注，成为各国风险服务机构、国际组织最为关注的政治风险。中国投资的国外地区出现过类似暴力风险，比如“阿拉伯之春”、吉尔吉斯斯坦动荡的选举等，都让很多跨国企业遭受巨大的损失。当前，部分国家频频发生各类极端势力袭击事件，中国企业在“走出去”过程中将长期面临这一威胁。

以上是中国企业对外直接投资中可能遭遇的主要政治风险。中国企业在与相关国家合作时，最可能遭遇的政治风险包括政治暴力、拒绝履约、“轻型歧视性干预”等等，与“严重的歧视性政策”、战争等方面相比，风险较小。

4.3.4 政治风险的特征

毋庸置疑，在对外直接投资中，跨国企业无法完全规避政治风险，事实上，这也是中国对外投资中最大的风险。观察者和研究人员对风险及相似的词汇有着自己独特的见解，各国学者往往基于不同的角度研究政治风险。另外，各类担保机构、以市场为导向的机构往往更加强调差异化的政治风险，并基于各个维度定义政治风险的内涵，当前在诸多方面已经形成了较为统一的定义，这些对于界定政治风险均具有重要的裨益。

政治风险与主权风险、国家风险等具有一定关联，但又与后两者具有显著差别。简单地看，国家风险涉及的范围通常更大，除政治因素外，还涵盖经济、社会等因素；主权风险一般是指一国政府不能或不愿及时履行其对外债务偿付义务的风险；政治风险所强调的是政治性的风险。

首先，政治风险的最基本特征是与“政治”有关。企业在进行跨国经营中可能存在各类风险，这些风险可以根据不同的标准划分为不同的类型。从宏观诱发源的角度分析，市场、企业经营都有可能引起风险。而政治风险是指由于政治因素而导致的风险。对比分析企业跨国经营引起的其他风险，可知东道国政府政策行为或其他政治行为是政治风险最核心的特征。换句话说，政治风险与市场风险、经营风险等最大的不同在于它与政治因素直接关联。

其次，政治风险的基本指向是企业利益受损。从辩证的角度分析，东道国政治因素发生变化，其所带来的影响是两面性的，跨国企业因而面临着不确定性的收益。有的企业能从政府的政策变动中获利，有的企业则只能承受这种变动带来的损失，还有的企业其利益在政府的这种政策变动中可能不受影响。根据一般意义上的风险含义，这种收益的不确定性，正是企业经营的风险。本书所讨论企业对外直接投资政治风险范畴，只涵盖给企业利益带来损失的政治因素变化。分析政治风险，仅考虑对跨国企业利益的负面影响的政治因素。

最后，政治风险并非静态的，而是属于动态的风险。可被界定为政治风险的是“政治因素的变化”而不是政治因素本身。比如，在跨国投资时，企业应该重点关注东道国所出台关于产品售价、当地雇工情况、资金转移等相关规定。对于跨国企业而言，东道国的上述政策都会直接影响到其实际经营成效。当然，应该具体结合实际情况判断东道国的上述变化是否会给企业带来政治风险。假设在跨国企业进入东道国前，东道国已经存在此类规定，并且在跨国企业经营期间也没有改变，那么上述规定就不属于政治风险，只能称为企业海外投资限制。政治风险是指跨国企业进入东道国后，东道国政府出于某种原因而改变原有政策，跨国企业因而受到影响，不能正常开展经营、盈利活动或者相关活动。换言之，即只有当东道国在跨国企业已经进入本国投资之后才进行政策改革，并给企业带来风险的上述变化才可称为政治风险。另外，动态性的政治风险还有更为深层次的含义，即企业可能因为某些政治因素改变，而获得超额利润。

4.4 本章结论

政治风险作为当代社会科学的重要学科交叉点，迄今为止很难算得上“体系完备”，其知识积累仍处在快速发展阶段。尽管有部分学者认为给政治风险赋值比给经济或者金融赋值更难，但是政治风险定量方仍然受到许多研究者青睐。本书关于中国对外直接投资的政治风险分析，同样以定量分析作为基础，着重点在于对现实情况进行辨析。

5　对外直接投资的政治风险测评分析

本章内容在充分论述主要政治风险评价指数的基础上，构建更为合理的政治风险指数，为测评中国和世界对外直接投资政治风险做好准备。

本章利用主成分分析构建政治风险指数（Political risk index，PRI），用来评估 2003 ~ 2017 年中国企业对外直接投资的整体政治风险（中国政府自 2003 年起才完整公布对外直接投资的详细流向），并进行世界 153 个国家的比较。在结构安排上，首先，梳理企业海外直接投资的政治经济因素、各国政治风险评估指标，以及中国企业对外直接投资政治风险的相关实证研究。其次，逐一说明 PRI 的变量选择、资料来源以及指标的合成方法。再次，详细分析世界各国 PRI 排名，中国企业对外投资政治风险指数（OFDIPRI），以及影响中国企业 OFDIPRI 变化的原因。最后是结论。

5.1 对外直接投资的政治经济分析

本章首先梳理影响国际直接投资的政治与经济因素，其次再分析当前最为普遍使用的政治评估指标，并借此检视关于中国企业对外直接投资政治风险的最新研究进展。

国际直接投资的决定因素，大致可分为两类：经济与政治层面。就经济层面而言，Steven Globerman 和 Daniel Shapiro（2003）利用面板数据模型（Panel data model），检验 1994 ~ 1997 年美国对世界 143 个国家直接投资的决定因素，他们发现，东道国的国内生产总值（GDP）每增加 1 个百分点，美企业对该国的直接投资相应增加 0.63 个百分点①。换句话说，MNEs 海外

① Steven Globerman and Daniel M.Shapiro, "Governance Infrastructure and US Foreign Direct Investment, "Journal of International Business Studies, Vol. 34, No. 1（January 2003）, pp. 19 ~ 39.

直接投资的经济动机之一是寻求海外市场。

相对而言，生产成本过高会降低跨国企业到该国投资的意愿。例如，Robert Sova 等发现，中东欧四国的工资水平每提升 1 个百分点，则该国的 FDI 将锐减 0.256 个百分点。综上所述，跨国企业海外直接投资的经济动机为：扩大海外市场、寻求自然资源、获取战略资产以及降低生产成本。对此，研究学者已经取得高度共识。因此，自 20 世纪 90 年代以来，研究已经转向分析政治风险对国际直接投资的影响。

但问题是，政治风险涉及层面相当广泛。如何寻找适当的政治风险替代变量，便成为研究学者最大的挑战。为此，本章将在下文中梳理研究学者普遍使用的政治风险评估指标。

5.2 政治风险评估指标的构建及分析

2000 ~ 2017 年，共有 151 篇社会科学英文索引（Social science citation index，SSCI）期刊论文，探讨主题为 FDI 与政治风险的相关性。本书整理分析这些文献使用的政治风险指标一共有 13 个，这些指标被重复使用 173 次。以下说明分析结果。

图 5.1 为研究学者最普遍采用的 10 个政治风险评估指标，国际国家风险指南（ICRG）是最常使用的政治风险评估指标，被重复使用 51 次，占全部使用次数的比例为 29.5%；其次是世界银行的世界治理指标（Worldwide Government Indicators，WGI），比例为 27.7%；再次是传统基金会（Heritage Foundation）的经济自由度指数（Index of Economic Freedom，IEF），比例为 13.9%；第 4 名到第 10 名依次是欧洲复兴与开发银行（European Bank for Reconstruction and Development，EBRD）的经济体制转型指标、自由之家（Freedom House）的世界自由度、政治体制资料库（Polity）、国际透明组织（Transparency International，TI）的贪腐印象指

数、机构投资者（Institutional Investor，II）的国家信用评级，以及欧洲货币国家风险指标（European Country Risk，ECR）、商业环境风险评估指标（Business Environment Risk Intelligence，BERI）。比例介于 0.6%~6.4%，其中，前三名用的最为频繁。

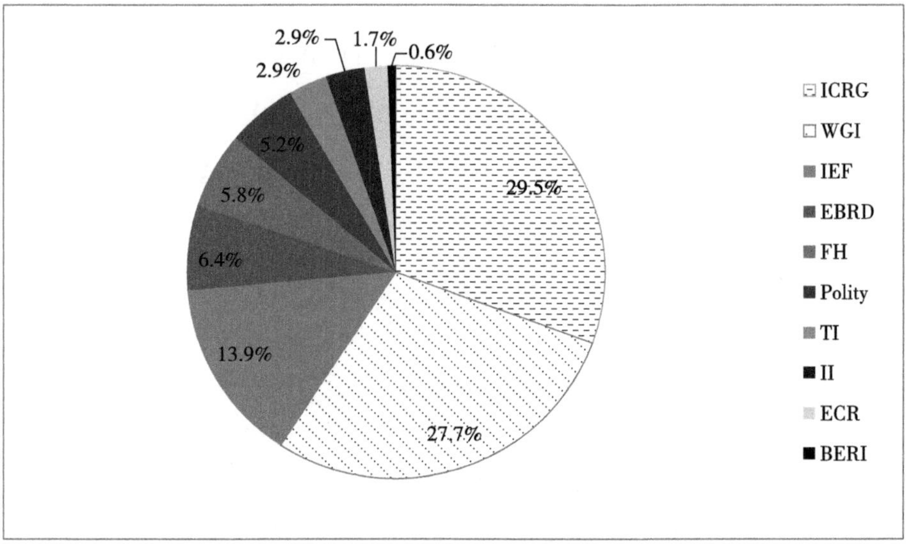

图 5.1　研究学者采用的政治风险评估指标分布

说明：ICRG= 国际国家风险指南；WGI= 世界治理指标；IEF= 经济自由度指数；EBRD= 经济体制转型指标；FH= 世界自由度，Polity= 政治体制指标；TI= 贪腐印象指数；II= 机构投资者；ECR= 欧洲货币国家风险指标；BERI= 商业环境风险评估指标。

资料来源：根据社会科学索引（social science citation index，SSCI）期刊论文数据库整理。

从内容上来看，各个国际机构构建的风险评级，都完全覆盖政治风险的 3 个方面——征用风险、转移风险和政治暴力风险。不过，这些指标存在两个限制：

第一，资料不容易获得。例如，ICRG 的年费高达 3995 美元。因此，大多数的研究学者偏好使用免费指标，包括 WGI、IEF、EBRD、FH、Polity 和 TI，这些指标被重复使用的比例很大。

第二，这些政治风险评估指标都是复合分数，即由多个分项指标构成，这便涉及每个分项指标的权重给定问题。例如，ECR 为 5 个分项指标构成：贪腐程度、政府对于跨国资金进出的干预、政治稳定度、政策透明度、政府效能以及法治程度，每项分数都介于 0 ~ 10 分。ECR 利用加总方法，得到最终分数。很显然，ECR 假定每个指标的重要性都相同①。

但实际上，每个指标不会处于同等重要的位置，应当给予影响力较大的指标更高的权重。

BERI 也面临相同的问题。BERI 分为 10 个分项指标，包括政治派系、宗教与种族冲突、为巩固政权而采取的各项限制措施、贪腐程度、社会经济条件、激进团体的多少、对主要国家的依赖程度、地缘政治、社会冲突与革命暴动，每项分数都介于 0 ~ 7 分。在总和指标的构建上，BERI 也是采取加总法。

ICRG 也注意到这一问题，其赋予每个分项指标不同的分数范围。例如，政治稳定度、社会经济条件、投资风险、内部冲突以及外部冲突等 5 项指标的分数范围，皆为 0 ~ 12 分；贪腐程度、政军关系、宗教冲突、法治程度、种族冲突以及民主问责等 6 项指标，则介于 0 ~ 6 分。最后一项指标为行政官僚品质，分数为 0 ~ 4 分。上述 12 个分项指标的分数，合计 100 分。然而，Elettra Agliardi 等与 Claude Erb 等强调，这太过依赖分析者的主观认知，欠缺科学方法的客观性。

不仅如此，免费指标也存在权重给定问题。例如，IEF 与 TI 都是采取简单算术平均，Polity 则为加总。换句话说，这些指标也都假定每个分项指标的重要性都相同。WGI 与 EBRD 只发布各个分项指标的个别分数，没有将分项指标合并为单一综合指标。

此外，这些国际组织与智库构建综合指标的目的，并非测量政治风险。例如，FH 与 Polity 旨在衡量一国的自由民主程度，TI 则为评估一国

---

① Euromoney Country Risk Methodology，Euromoney Country Rsik，https：//www.euromoneycountryrisk.com/Methodology.aspx.

贪腐程度。这些指标都不足以涵盖政治风险的三大构面。IEF 涉及层面较广，包括财产权保障、遏制贪腐、财政自由（税负）、财政支出、经商自由、劳动自由、货币自由、贸易自由、投资自由以及金融自由。但可惜的是，IEF 没有考虑政治暴力风险。换句话说，若以这些指标作为政治风险的替代变量，将发生代表性不足的问题。

在众多免费指标中，WGI 最接近政治风险意涵。其包括 6 个分项指标：言论自由与政府责任、政治稳定度与平抑暴乱、政府效能、监管品质、法治程度以及遏制贪腐。但是，WGI 没有构建综合指标，造成研究学者极大困扰。例如，Ivar Kolstad 和 Arne Wiig（2012）、Bala Ramasamy 等（2012）都只采用单一分项指标，这陷入代表性不足的困境。对此，Tajul Ariffin Masron 和 Eliza Nor（2011）采取的对应做法为：求取这 6 项指标的简单算术平均，这又回到了权重给定的问题。

更重要的是，WGI 还存在两个问题：第一，由于 WGI 资料来源过于广泛，研究学者很难清楚了解每个分项指标的具体内涵。例如，Margit Tavits（2007）在检验政治责任与贪腐的相关性时，以 WGI 的遏制贪腐为被解释变量，FH 为解释变量。但是，遏制贪腐的资料来源已经包含 FH。如果直接援引 WGI 的分项指标，很容易发生循环论证的问题。第二，WGI 没有考虑组成数目的公平性。例如，在政治稳定度与平抑暴乱的资料来源中，只有 3 个涉及政府稳定性，其余 18 个都属于暴力冲突的概念。因此，即使 WGI 利用未观察到的主成分模型（unobserved components model），客观赋予每个组成项目的权重，也无法改变既有的选择误差。

综上所述，研究学者对于政治风险评估指标的选择，具有高度共识。例如，ICRG、WGI 和 IEF 三项指标占比高达 71.1%。不过，这些指标都还有改善空间，这尤其表现在指标合成的方法上。

目前，专门探讨中国海外投资政治风险的学术论文并不多。但是，在分析中国企业对外直接投资动机时，大多数文献都会顺带验证东道国的政治风险。本书整理了 17 篇相关文献，9 篇为 SSCI 期刊论文，8 篇为中文核心期刊论文。部分研究学者在同一篇论文中，同样采用多个政治风险评估指标，因此，本书共汇总有 4 个政治风险评估指标——WGI、IEF、ICRG 和 IMD，这些指标被重复使用 27 次。

中国研究学者偏好使用 WGI，原因有二：一是成本考虑。国内大学都没有购买 ICRG、ECR 和 BERI 数据库，而这些数据库价格较高，因此，学者只能找免费指标作为政治风险的替代选项。二是中国政府自 2003 年起才完整公布其对外直接投资的详细流向（国家），刚好与 WGI 改为逐年发布的时间点吻合。以 WGI 作为分析中国对外直接投资政治风险评估指标，不存在时间过短的问题。

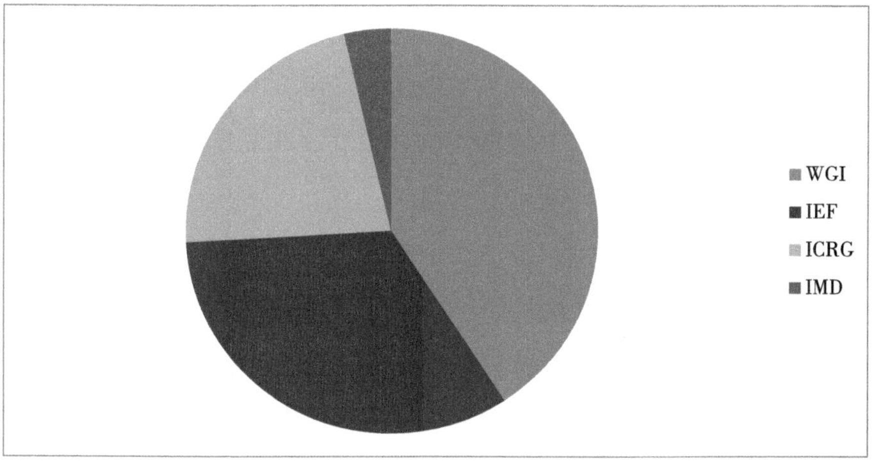

图 5.2　中国对外直接投资政治风险评估指标分布

说明：ICRG= 全球国家风险指南；WGI= 世界治理指标；IEF= 经济自由度指数；IMD= 世界竞争力指标。
资料来源：根据社会科学索引（social science citation index，SSCI）期刊论文数据库整理。

但是，既有文献都没有妥当处理 WGI 的问题。例如，黄益平和王碧珺（2011）都只采用单一分项指标。这些实证结果都存在代表性不足的问题。对此，祁春凌、邹超（2013）以简单算术平均，将 WGI 的 6 个分项指标予以合并，但这又忽略指标间重要性的差异。特别是，部分学者没有清楚了解 WGI 每个分项指标的数据来源，例如，邓明将 WGI 的法治程度与 ICRG

放入一个回归式中，由于法治程度的数据来源包含 ICRG，以致发生严重的共线性问题。

相同地，先行研究也没有修正其他政治风险评估指标的构建方法。例如，Peter Buckley 等（2007）、Diego Quer 等（2012）、Yin-Wong Cheng 和 Xingwang Qian（2009）直接使用 ICRG。很显然，他们没有处理 ICRG 主观认定的问题。特别是，Jing-Lin Duanmu、王胜与田涛直接援引 IEF，YuanfeiKang 和 Fuming Jiang（2012）则采用 IMD 中的 5 个分项指标——政治系统、官僚品质、法规架构、经济政策以及企业税率，进行了简单算数平均。这不仅忽略个别指标间的差异，也没有将政治暴力风险纳入考虑。

5.2.1 变量选择与数据来源

本章旨在构建一个更全面、更客观的政治风险指数（PRI），以比较中国与世界各国政治风险分布。为此，本节首先说明 PRI 的变量选择及资料来源。其次再阐述各个指标的合成方法——主成分分析（PCA）。

本书汇总 9 个数据来源 18 个分项指标，以期构建更具全面性的 PRI。

第一，本书选取 WGI 的遏制腐败指标。理由有三：一是遏制腐败指标不存在组成项目失衡的问题——其所有组成项目都只测量贪腐单一概念。二是 WGI 透过未观察到的主成分模型，客观地赋予每个组成项目相应的权重，相较于 TI（简单算术平均）更加严谨。三是 WGI 免费提供 1996～2017 年世界 215 个国家的详细数据。

第二，本书选取 IEF 的 5 项指标：财产权保障、经商自由、贸易自由、投资自由以及金融自由。民主和媒体自由分别来自 Polity 政治体制平等与 FH 的媒体自由，这些也属于免费指标。

第三，本书选取世界竞争力的 3 项分项指标：政治信任度、政策透明度以及投资者保障措施。特别值得一提的是，先行研究偏好使用 IMD，但其收录对象只有 60 个国家，因此，采用 IMD 作为政治风险评估指标，将造成研究样本数大幅减少。相对而言，世界经济论坛（World Economic Forum，WEF）构建的世界竞争力指标，调查范围涵盖149个国家，是IMD的两倍多；同时，WEF也为免费指标。换句话说，WEF更可全面反映世界各国政治风险分布，这是过去文献忽略之处。

此外，上述指标都没有考量外部因素。例如，David L. Shambough（1996）与Randall Schweller（1998）认为，若让中国更多地融入国际社会——遵守国际制度、规则与规范，将可大幅降低其采取极端行为的不确定性。换句话说，一国的政治全球化程度越高，则该国的政治风险将越低。因此，本书增加瑞士苏黎世联邦理工学院经济景气研究所（Konjunkturforschungsstelle，KOF）构建的政治全球化指数。KOF的测量方法不仅获得SSCI的认可，且提供免费下载的服务。

KOF指数从经济、社会和政治3个层面衡量全球化。经济层面涉及与国内生产总值相关的跨境贸易、投资和收入流的强度以及贸易和资本流动限制的影响。社会层面基于3类标准进行量化：电话和信件形式的跨境个人联系，以互联网访问来量度的信息流，电视和外国媒体产品及全球主流文化相似性。政治层面的评估内容包括：一国内的大使馆数量、在该国的国际组织数量、该国参与联合国维和任务的次数，以及该国自1945年以来签订的双边和多边条约的数量。

该指数用来监控一段较长时间内若干国家全球化的变化状况。2017年KOF全球化指数参评的国家达187个，时间跨度从1970年至2017年。

地缘政治（geopolitics）也是相当重要的外部影响因素。究其原因，邻国的武装冲突不仅会引发原物流的供给短缺，同时也会造成区域内市场需求的剧烈波动。最明显的例证是，2014年爆发的乌克兰危机，已造成俄罗斯大量的资本外逃。对此，IMF副总裁David Lipton与欧洲中央银行（European Central Bank，ECB）行长Mario Draghi相继强调，地缘政治危机已成为当前跨国直接投资的最大挑战。因此，本书再增加一个指标

iJET——国家安全风险评价，作为地缘政治的观察指标。

最后，本书选取 II 的国家信用评级、环球透视（Global Insight，GI）的内乱与恐怖主义，以及 ICRG 的 3 项分指标——法治程度、投资风险与行政官僚品质。尽管 GI、ICRG 与上述的 iJET 都为付费指标，但本书可以从 WGI 提供的资料来源，间接取得相应数据。此外，本书经由检索 Institutional Investor，免费获得 II 的历年各国详细数据。

根据表 5.1 可知，本书构建的 PRI 具有三大优点：一是考虑到组成数目的公平性。本书依据政治风险的三大构面，将 18 个分项指标予以分类，每个构面下皆为 6 个分项指标。二是避免概念重叠问题。本书详细检视每个分项指标的操作型定义，尽可能确保每个指标的测量标的没有重复问题。三是借由 PCA，客观赋予每个分项指标的权重。以下进行详细说明。

主成分分析（PCA）是一种统计技术，依据变量间相关性来决定给各自权重，即给予相关性较高的变量较大的权重，相关性较低的变量较小的权重。以方程式表示如下：

$$PC_i = \sum_{o=j}^{n} \alpha_i^j S_j \tag{5.1}$$

式（5.1）$PC_i = \sum_{o=j}^{n} \alpha_i^j S_j$ 中，PC_i 表示第 i 个主成分分数，S_j 表示第 j 个指标的原始分数，N 为指标个数，α_i^j 表示第 i 个主成分中第 j 个指标的成分分数。在实际操作上，研究学者通常使用第一主成分的成分分数，作为合成指标的权重①。

目前，PCA 已广泛用于指标构建上。例如，Axel Dreher（2006）利用 PCA，构建全球化指数（index of globalization）②；Manzie Chinn 和 Hiro

① Ian T.Jolliffe, Principal Component Analysis (New York: Springer Verlag, 2002).

② Axel Dreher, "Does Globalization Affect Growth? Evidence from a New Index of Globalization," pp.1091 ~ 1110.

Ito（2008）使用PCA，发展资本账户开放指数（KAOPEN index）①；Bo Chen和Yuen Pau Woo（2010）通过PCA，设计区域经济整合指数；Chen Yuan Tung等（2012）利用PCA，创建货币国际化程度指数（currency internationalization degree index，CIDI）。

表5.1 政治风险指数的构建与数据来源

一级指标	二级指标	指标含义	指标来源
征用风险	财产权保障	东道国对于私有财权的法律保障程度	IEF
	投资风险	跨国企业遭到东道国没收与违约的发生概率	ICRG
	法治程度	东道国司法体系的效率与公正性	ICRG
	投资者保障措施	东道国提供投资者保障措施的数量	WEF
	政策透明度	东道国政策制定过程的透明化程度	WEF
	遏制腐败	政府官员向民间索贿的严重程度	WGI
转移风险	政治全球化	东道国签署国际公约、邦交国与参与国际组织的数量	KOF
	经商自由	东道国经商环境便捷性程度	IEF
	贸易自由	东道国的平均关税税率与非贸易壁垒	IEF
	投资自由	东道国对于跨国投资的各项限制（如取得营业执照的时间）	IEF
	金融自由	东道国的银行业效率以及银行收到政府干预的程度	IEF
	国家信用评级	东道国因主权债务违约造成整体经济危机的发生概率	II
政治暴力风险	内乱与恐怖主义	东道国因内乱与恐怖主义造成企业损失的程度	GI
	地缘政治	区域内国家游客遭受人身攻击的程度	iJET
	民主	东道国政府对于竞争性政治参与的开放程度	Polity
	媒体自由	东道国的出版、新闻媒体以及网络自由程度	FH
	行政官僚品质	优良的行政官僚体系将能吸收政府轮换产生的不确定性	ICRG
	政治信任度	东道国民众对于政治人物的信任程度	WEF

说明：1.ICRG=全球国家风险指南；WGI=世界治理指标；IEF=经济自由度指标；FH=自由之家；Polity IV=政治体制指标；II=机构投资者；WEF=世界经济论坛；GI=环球透视；KOF=政治全球化指数。

2.表示该资料可以间接从WGI免费获得。注：部分资料可以从WGI获取。

资料来源：根据社会科学索引（social science citation index，SSCI）期刊论文数据库以及下面数据库

① Menzie Chinn and Hiro Ito, "A NewMeasure of Financial Openness," Journal of Comparative Policy Analysis, Vol.10, No. 3 (September 2008), pp. 309 ~ 322.

的整理：世界经济论坛、全球竞争力报告（The global competitiveness report 2003-2017 年）、世界竞争力年度报告（World Competitiveness Yearbook 2003-2017，WCY）、世界治理指标（WGI）、经济自由度指数（IEF）、世界竞争力指标（IMD）、政治体制指标（Polity）、世界自由度指标（FH）。

换句话说，利用 PCA 来解决分项指标的权重给定问题，已成为学术界普遍认可的方法之一。因此，本书利用 PCA 来决定政治风险指数的各分项指标的权重。

研究步骤上，本书还需确认样本数。Michael Todaro 和 Stephen Smith 指出，发展中国家的统计技术相对落后，所以采用完全无遗漏值的样本，容易发生选择偏误问题。尤其是，这些落后国家的政治风险通常也较高，而这正是本书重点分析对象。对此，本书以绝对多数——三分之二的资料来源皆有收录该国，确定研究样本。例如，只有两个资料来源——WEF 与 ICRG 没有统计阿富汗。因此，本书还是将阿富汗加入观察样本，并编码为 5 分（最危险）。因为高度的不确定性，将极大化跨国企业信息收集、评估、谈判与执行时的困难程度。其余遗漏值则依据 Menzie Chinn 和 Jeffrey Frankel（2010）的方法，以线性趋势法进行插补。经交叉对比，研究对象为 153 个经济体，测量时间为 2003 ~ 2017 年，18 个实证变量，共计 41310 个观察值；其中，遗漏值为 1825 个，占总样本数的 4.4%。

表 5.2　政治风险指数分项指标的调整公式与插补后基本统计量

N=41310

项目类别	原始编码	调整公式	平均数	标准差
财产权保障	0 ~ 100（最完善）	5-（X/20）	2.84	1.23
投资风险	1 ~ 12（最安全）	5-［（X/12）×5］	2.01	1.56
法治程度	0 ~ 6（最健全）	5-［（X/6）×5］	2.37	1.49
投资者保障措施	0 ~ 10（最完善）	5-（X/2）	2.81	1.12
政策透明度	1 ~ 7（最透明）	5-［（X-1）/6］×5	2.72	1.10
遏止贪腐	-2.5 ~ 2.5（最清廉）	5-（X+2.5）	2.62	1.04
政治全球化	0 ~ 100（最开放）	5-（X/20）	1.50	0.93
经商自由	0 ~ 100（最自由）	5-（X/20）	1.95	0.99

续表

项目类别	原始编码	调整公式	平均数	标准差
贸易自由	0 ~ 100（最自由）	5-（X/20）	1.52	0.90
投资自由	0 ~ 100（最自由）	5-（X/20）	2.55	1.12
金融自由	0 ~ 100（最自由）	5-（X/20）	2.54	1.09
国家信用评级	0 ~ 100（最安全）	5-（X/20）	2.71	1.31
内乱与恐怖主义	0 ~ 100（最危险）	X/20	1.76	1.12
地缘政治	0 ~ 5（最危险）	[（X-1）/4] × 5	2.38	0.68
民主	0 ~ 100（最民主）	5- [（X+10）/4]	1.67	1.69
媒体自由	0 ~ 100（最压制）	X/20	2.57	1.21
行政官僚品质	0 ~ 4（品质最佳）	5- [（X/4）× 5]	2.70	1.60
政治信任度	0 ~ 7（最信任）	5- [（X-1）/6] × 5	3.65	1.07

说明：X 表示各分项指标的原始分数。

资料来源：根据社会科学索引（social science citation index，SSCI）期刊论文数据库以及下面数据库的整理：世界经济论坛、全球竞争力报告（The global competitiveness report 2003~2017 年）、世界竞争力年度报告（World Competitiveness Yearbook 2003-2017，WCY）、世界治理指标（WGI）、经济自由度指数（IEF）、世界竞争力指标（IMD）、政治体制指标（Polity）、世界自由度指标（FH）。

此外，由于各资料来源的取值范围不尽相同，因此，在计算 PRI 之前，必须统一两者的统计口径。调整公式汇总于表 5.2，调整后的各分项指标，数值介于 0 ~ 5 分。分数越高表示政治风险越高，反之越低。地缘政治则采取两步骤分析：首先，依据联合国统计司（United Nations Statistics Division）的定义，将世界各国以其地理位置，划分为 22 个区域，每个区域内国家为 5 ~ 11 个。其次，再计算每个区域内国家 iJET 的简单算术平均。例如，东亚地区包括 8 个经济体，分别是中国、中国香港、日本、朝鲜、韩国、中国澳门、蒙古国与中国台湾，2017 年调整后的 iJET 值分别是 2.5 分、3.8 分、1.3 分、5 分、1.3 分、2.5 分、1.3 分与 1.3 分，平均为 2.3 分，即东亚 8 个经济体的地缘政治分数皆为 2.3 分。

表 5.3 为 PRI 的 PCA 适合度检验结果。首先，所有合成指数——征用风险、转移风险、政治暴力风险以及整体政治风险的 Kaiser-Meyer-Olkin（KMO）取样适合性统计量，皆高于 0.6 的临界值，且 Bartlett 球形检验都

在 1% 显著水平下拒绝虚无假设，表示非常适合进行 PCA。其次，内部一致性信度（Cronbach's α值）也都高于一般水准（0.7），即本书选取的测量指标都是在衡量同一概念——政治风险。最后，第一主成分的特征值（eigenvalue）都符合特征值大于 1 的准则。除政治暴力风险指数外，其余指数的第一主成分解释变异量，大于 60% 的要求，表示所有合成指标都具有相当程度的构建效度（construct validity）。

表 5.3　主成分分析的适合度检验

项目类别	征用风险	转移风险	政治暴力风险	政治风险	临界值
KMO 取样适合性检验	0.913	0.869	0.770	0.759	0.6
Bartlett 球形检验	6055.842	5618.742	4553.157	3654.487	P ＜ 0.05
Cronbach's α信度	0.889	0.895	0.822	0.922	0.7
第一主成分的特征值	3.951	3.989	3.373	2.620	＞ 1
构建效度	65.852	66.492	56.217	87.322	＞ 60%

说明：1.* 表示在 1% 显著水平下，以双尾检验。

2. 构建效度为第一主成分总累计解释变异量。

资料来源：根据以下数据库的整理：世界经济论坛、全球竞争力报告（The global competitiveness report 2003–2017 年）、世界竞争力年度报告（World Competitiveness Yearbook 2003–2017，WCY）、世界治理指标（WGI）、经济自由度指数（IEF）、世界竞争力指标（IMD）、政治体制指标（Polity）、世界自由度指标（FH）。

针对政治暴力风险指数效度偏低的问题，本书依据经济合作与发展组织（Organization for Economic Co-Operation and Developmen，OECD）提供的调整方法进行修正。首先，挑选特征值大于 1 的主成分。其次，抽取各主成分中因素负荷量绝对值大于 0.7 的分项指标；如果两两因素负荷量的差距小于 0.3，也纳入考量。再次，求取各个分项指标的因素负荷量平方。第四，将个别因素负荷量平方乘以各主成分的特征值。经此调整，政治暴力风险指数的总累积解释变异量，进一步提升到 73.6%，超过 60% 的最低门槛（见表 5.4）。

表 5.4 政治暴力风险指数的调整方式

项目类别	原始因素负荷量		步骤 1		步骤 2		步骤 3
民主	0.945	0.023	0.894		3.014		3.014
媒体自由	0.875	0.348	0.766		2.585		2.585
政治信任感	0.062	0.851		0.725		0.755	0.755
内乱与恐怖主义	0.198	0.776		0.603		0.628	0.628
行政官僚品质	0.573	0.627	0.329	0.394	1.109	0.410	1.519
地缘政治	0.504	0.535	0.254	0.286	0.857	0.299	1.156
特征值	3.373	1.042					
解释异变量	56.217	17.371					

说明：1. 步骤 1= 抽取后的因素负荷量平方；步骤 2= 抽取后的因素负荷量平方，乘以特征值；步骤 3= 加权后的因素负荷量平方之加总。

2. 政治暴力风险指数的总累积解释变异量为 73.6%，即第一主成分解释变异量 56.217%，加上第二主成分解释变异量 17.371%。

资料来源：根据以下数据库的整理：世界经济论坛、全球竞争力报告（The global competitiveness report 2003-2017 年）、世界竞争力年度报告（World Competitiveness Yearbook 2003-2017，WCY）、世界治理指标（WGI）、经济自由度指数（IEF）、世界竞争力指标（IMD）、政治体制指标（Polity）、世界自由度指标（FH）。

表 5.5 为 PRI 各分项指标的标准化权重——即各因素负荷量相加等于 1。进一步来看，转移风险指数的权重最高，为 0.337；其次是征用风险指数，为 0.335；最后是政治暴力风险，为 0.329。从分项指标来看，在转移风险指数中，经商自由的权重最高，为 0.181。在征用风险指数中，遏止贪腐的权重最高，为 0.179。在政治暴力风险中，民主的权重最高，为 0.312。很显然，PCA 的实证结果非常贴近国际直接投资的实务经验。

表 5.5 政治风险指数各分项指标的权重

分类	分类权重	项目类别	权重
转移风险	0.337	经商自由	0.181
		投资自由	0.178
		金融自由	0.176
		国家信用评级	0.167

续表

分类	分类权重	项目类别	权重
		贸易自由	0.160
		政治全球化	0.138
征用风险	0.335	遏止贪腐	0.179
		政策透明度	0.172
		投资风险	0.170
		法治程度	0.168
		财产权保障	0.163
		投资者保障措施	0.148
政治暴力风险	0.329	民主	0.312
		媒体自由	0.268
		行政官僚品质	0.157
		地缘政治	0.120
		政治信任感	0.078
		内乱与恐怖主义	0.065

说明：1. 计算方法为 PCA。

2. 样本个数为 41310 个。

资料来源：根据以下数据库的整理：世界经济论坛、全球竞争力报告（The global competitiveness report 2003–2017 年）、世界竞争力年度报告（World Competitiveness Yearbook 2003~2017，WCY）、世界治理指标（WGI）、经济自由度指数（IEF）、世界竞争力指标（IMD）、政治体制指标（Polity）、世界自由度指标（FH）。

综上所述，本书广泛收集公开且具权威性的相关资料，并采用 PCA 计算各分项指标的权重，构建政治风险指数（PRI）。特别是，经 PCA 适合度检验后，本书的实证模型没有发现重大的统计瑕疵。据此，本书以下将进一步分析实证结果。

5.2.2 世界政治风险指数测量及分析

本部分将具体量化中国与世界其他国家对外直接投资政治风险分布。在研究步骤上，首先测量各国的政治风险程度，其次再进一步测算中国企业的对外直接投资政治风险指数（OFDIPRI），并进行比较分析。以下依次说明。

表 5.6 第一阶段世界政治风险指数（2017 年）

项目类别	调整后分数（A）	PCA 权重（B）	加权分数（A×B）
转移风险指数			2.070
金融自由	2.582	0.176	0.454
投资自由	2.482	0.178	0.442
国家信用评级	2.700	0.167	0.451
经商自由	1.845	0.181	0.334
贸易自由	1.305	0.160	0.209
政治全球化	1.302	0.138	0.180
征用风险指数			2.596
财产权保障	2.908	0.163	0.474
遏止贪腐	2.636	0.179	0.472
政策透明度	2.630	0.172	0.452
法治程度	2.432	0.168	0.409
投资者保障措施	2.680	0.148	0.397
投资风险	2.311	0.170	0.393
政治暴力风险指数			2.029
媒体自由	2.583	0.268	0.692
民主	1.587	0.312	0.495
行政官僚品质	2.663	0.157	0.418
地缘政治	.2458	0.120	0.029
政治信任度	3.573	0.078	0.279
内乱与恐怖主义	1.769	0.065	0.115

说明：世界值为该项分项指标中世界各国原始分数的平均值。

资料来源：根据以下数据库的整理：世界经济论坛、全球竞争力报告（The global competitiveness report 2003–2017 年）、世界竞争力年度报告（World Competitiveness Yearbook 2003~2017，WCY）、世界治理指标（WGI）、经济自由度指数（IEF）、世界竞争力指标（IMD）、政治体制指标（Polity）、世界自由度指标（FH）。

（1）世界政治风险指数测量

依据各国调整后的政治风险分项指标分数，乘以 PCA 计算而得的权重，便可以计算出世界各国的PRI。例如，2017年，世界各国金融自由度的调整后分数，平均为2.582分，权重为0.176，调整后分数的平均值乘以权重，可以得到加权平均分数0.445分，即金融自由度分项指标的世界值为0.455分。依此类推，投资自由度、国家信用评级、经商自由度、贸易自由以及政治全球化程度的世界值，分别为0.441分、0.452分、0.334分、0.208分与0.180分，上述6项分项指标的世界值，合计为2.070分，即转移风险指标的世界值为2.070分。同理，征用风险指数的世界值为2.596分；政治暴力风险的世界值则为2.294分（见表5.6）。

在第二阶段中，转移风险指数的世界值为2.070，权重为0.337，加权分数为0.669。征用风险指数的世界值为2.596分，权重为0.335，加权分数为0.869分。政治暴力风险指数的世界值为2.294，权重为0.329，加权分数为0.754分。三者加权分数合计为2.320分，即2017年的PRI世界值为2.320分（见表5.7）。

表5.7　第二阶段世界政治风险指数（2017年）

项目类别	调整后分数（A）	PCA权重（B）	加权分数（A×B）
政治风险指数			2.230
转移风险指数	2.070	0.337	0.697
征用风险指数	2.596	0.335	0.869
政治暴力风险指数	2.294	0.329	0.754

资料来源：根据以下数据库的整理：世界经济论坛、全球竞争力报告（The global competitiveness report 2003–2017年）、世界竞争力年度报告（World Competitiveness Yearbook 2003~2017，WCY）、世界治理指标（WGI）、经济自由度指数（IEF）、世界竞争力指标（IMD）、政治体制指标（Polity）、世界自由度指标（FH）。

（2）世界各国政治风险分布情况

从个别国家来看，2017年，政治风险最高的5个国家分别为：第一是阿富汗，PRI为4.572分；第二是朝鲜，PRI为4.293分；第三是索马里，PRI为4.202分；第四是厄立特里亚，PRI为4.196分；第五是土库曼斯坦，PRI为4.151分。第六名到第十名分别是乌兹别克斯坦、苏丹、老挝、赤道几内亚、伊拉克，PRI 介于 3.794 ~ 4.074 分（见图 5.3）。

相对而言，新西兰的政治风险最低，PRI 为 0.491 分；第二是芬兰，PRI为0.583分；第三是加拿大，PRI为0.604分；第四是丹麦，PRI为0.650分；第五是瑞典，PRI 为 0.657 分。第六名至第十名依序为：卢森堡、挪威、荷兰、瑞士、澳大利亚，PRI 介于 0.662 ~ 0.718 分（见图 5.4）。

值得注意的是，尽管 PRI 各分项指标的权重维持固定不变，但调整后分数还是会有变化——各指标发布机构会依据各国政局而调整分数。因此，本书仍可描绘出世界各国 PRI 的动态变迁过程。例如，世界 PRI 从 2003 年的 2.373 分，缓慢下降到 2009 年的 2.306 分。但受到全球金融危机的影响，世界政治风险状况开始恶化，至 2017 年已回升到 2.329 分，较 2009 年的最低点相比，升高了 0.023（见图 5.5）。

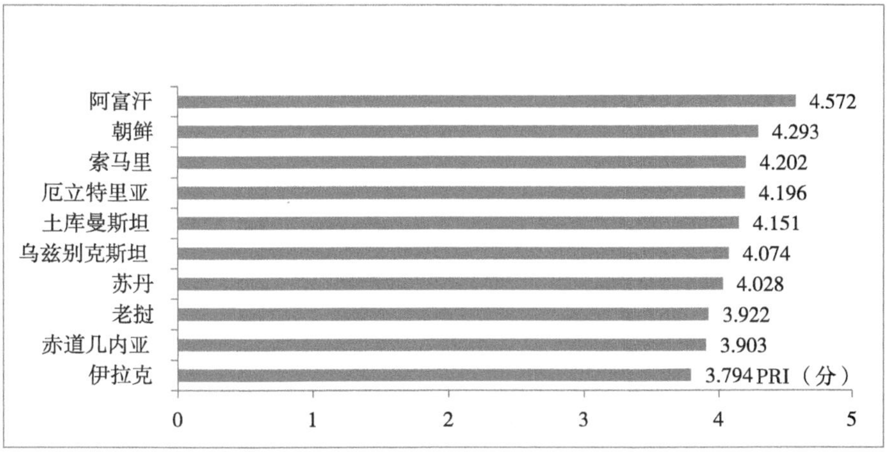

图 5.3 政治风险指数最高前 10 个国家（2017 年）

资料来源：根据以下数据库的整理：世界经济论坛、全球竞争力报告（The global competitiveness report 2003-2017 年）、世界竞争力年度报告（World Competitiveness Yearbook 2003~2017，WCY）、世界治理指标（WGI）、经济自由度指数（IEF）、世界竞争力指标（IMD）、政治体制指标（Polity）、世界自由度指标（FH）。

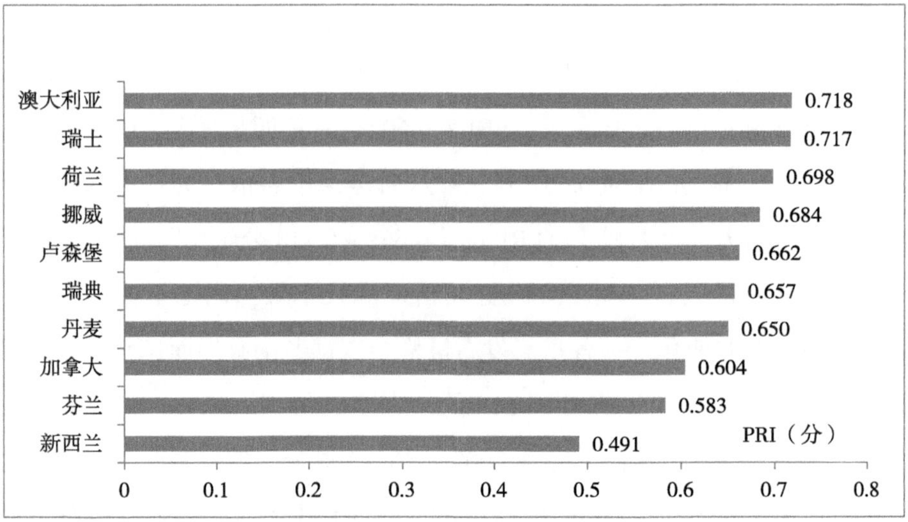

图 5.4　政治风险指数最低前 10 个国家（2017 年）

资料来源：本书自行整理

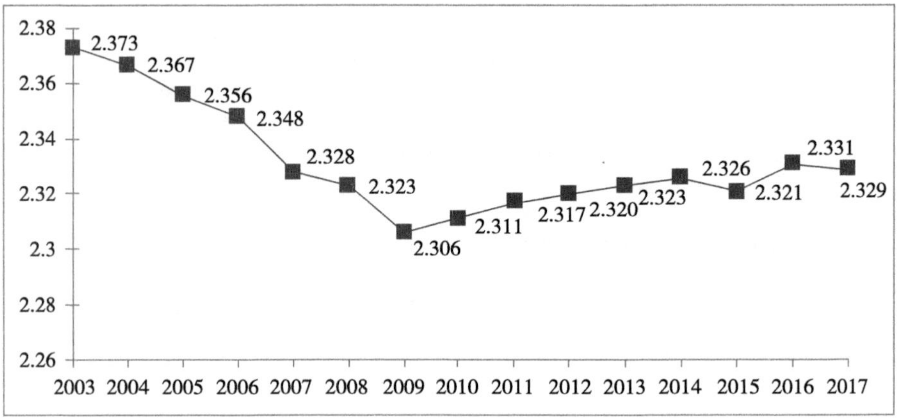

图 5.5　世界政治风险指数（2003～2017 年）

资料来源：根据以下数据库的整理：世界经济论坛、全球竞争力报告（The global competitiveness report 2003–2017 年）、世界竞争力年度报告（World Competitiveness Yearbook 2003~2017，WCY）、世界治理指标（WGI）、经济自由度指数（IEF）、世界竞争力指标（IMD）、政治体制指标（Polity）、世界自由度指标（FH）。

进一步来看，2003～2017 年，委内瑞拉的 PRI 共增加 0.610 分，是政治风险上升最多的国家；第二是伊朗，PRI 共增加 0.514 分；第三是玻利维亚，PRI 共增加 0.365 分；第四是马里，PRI 共增加 0.321 分；第五是马达加斯加，PRI 共增加 0.268 分；第六名至第十名分别为：希腊、匈牙利、纳米比亚、古巴、朝鲜，PRI 增加幅度介于 0.240 ~ 0.263（见图 5.6）。

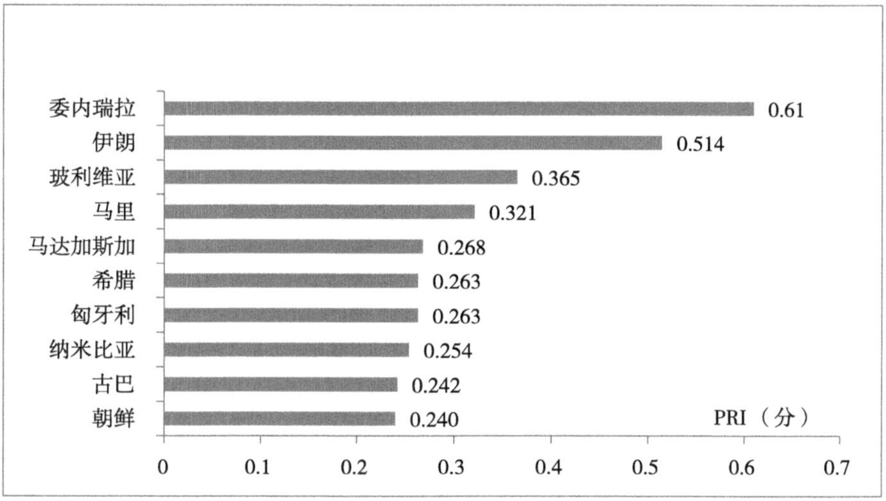

图 5.6　政治风险恶化最多的前 10 个国家（2003 ~ 2017 年）

资料来源：根据以下数据库的整理：世界经济论坛、全球竞争力报告（The global competitiveness report 2003-2017 年）、世界竞争力年度报告（World Competitiveness Yearbook 2003~2017，WCY）、世界治理指标（WGI）、经济自由度指数（IEF）、世界竞争力指标（IMD）、政治体制指标（Polity）、世界自由度指标（FH）。

相对而言，2003 ~ 2017 年，格鲁吉亚的 PRI 共减少 0.651 分，是政治风险改善最多的国家；第二是阿尔巴尼亚，PRI 共减少 0.549 分；第三是卢旺达，PRI 共减少 0.530 分；第四是蒙特内格罗，PRI 共减少 0.516 分；第五是吉尔吉斯斯坦，PRI 共减少 0.478 分；第六名至第十名依序是：马其顿、印度尼西亚、波黑、哥伦比亚、塞尔维亚，PRI 减少幅度介于 0.356 ~ 0.425（见图 5.7）。

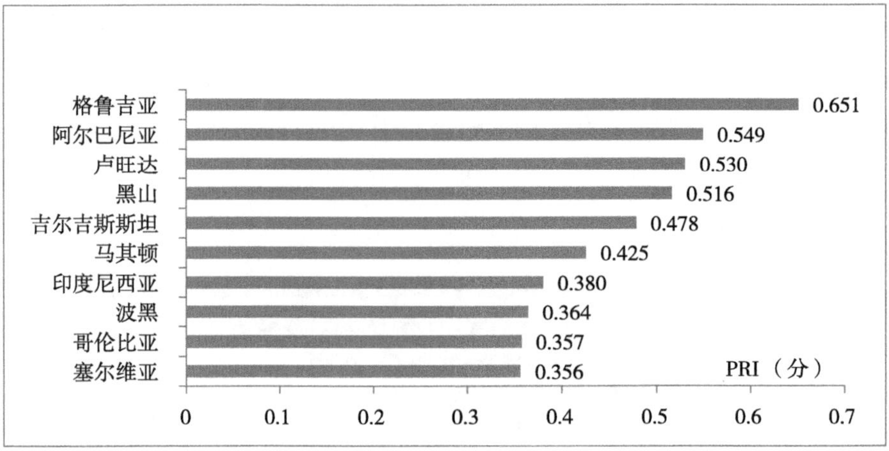

图 5.7　政治风险改善最多的前 10 个国家（2003 ~ 2017 年）

资料来源：根据以下数据库的整理：世界经济论坛、全球竞争力报告（The global competitiveness report 2003–2017 年）、世界竞争力年度报告（World Competitiveness Yearbook 2003~2017，WCY）、世界治理指标（WGI）、经济自由度指数（IEF）、世界竞争力指标（IMD）、政治体制指标（Polity）、世界自由度指标（FH）。

5.3　中国对外直接投资政治风险指数

本书再构建另一个新的指标——对外直接投资政治风险指数（OFDIPRI），用以测量中国企业对外直接投资的整体政治风险并进行国际比较。OFDIPRI 的计算公式为：

$$OFDIPRI_t = \sum_{n=1}^{152} \frac{OFDI_{it}}{\sum_{n=1}^{152} OFDI_{it}} \times PRI_{it} \tag{5.2}$$

式（5.2）中，OFDIPRI 是用每个国家的政治风险指数，乘以中国对该国的投资比重，然后再进行加总，得出中国企业对外直接投资政治风险指数。式中，t 表示时间，为 2003 ~ 2017 年；i 表示东道国。$OFDI_{it}$ 表示第 t 年中国对第 i 东道国的直接投资金额；$\sum_{n=1}^{152} OFDI_{it}$ 表示第 t 年中国对外直接投资总额，东道国总数为 152 个——本书研究对象为 153 个经济体，再减去中国；PRI_{it} 表示第 t 年第 i 个东道国的政治风险指数。中国对各国对外直接投资的资料来源为 2017 年中国对外直接投资统计公报。

5.3.1 中国对外直接投资政治风险指数

结果显示，中国 OFDIPRI 从 2003 年的 1.687 分，急速攀升到 2004 年的 2.157 分，2005 年略微反弹回 1.875 分，但 2006 年再度蹿升到 2.212 分。此后，OFDIPRI 才逐步回稳，至 2009 年已降至 1.552 分。但至全球金融危机后，OFDIPRI 再次呈现上升的趋势，至 2017 年已升高到 1.658 分，较 2009 年的最低点多增加 0.106 分（见图 5.8）。

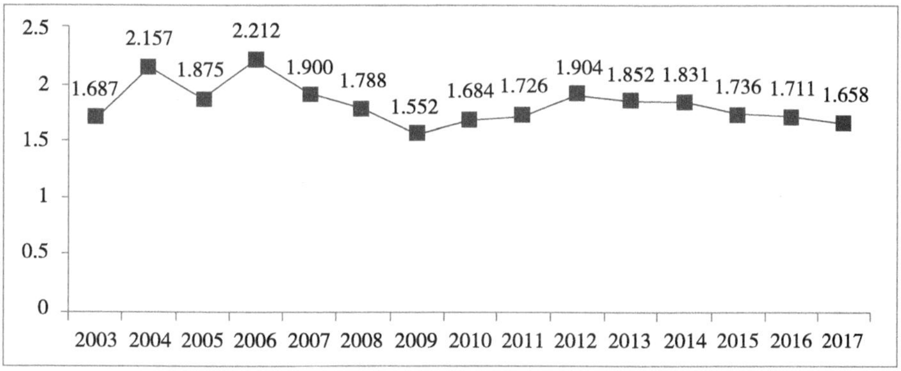

图 5.8 中国对外直接投资政治风险指数（2003～2017 年）

资料来源：根据以下数据库的整理：世界经济论坛、全球竞争力报告（The global competitiveness report 2003–2017 年）、世界竞争力年度报告（World Competitiveness Yearbook 2003~2017，WCY）、世界治理指标（WGI）、经济自由度指数（IEF）、世界竞争力指标（IMD）、政治体制指标（Polity）、世界自由度指标（FH）。

5.3.2 中国与世界其他国家对外直接投资政治风险指数

与世界其他国家相比，2003 年，中国 OFDIPRI 为 1.687 分，世界其他国家为 1.412 分，两者差距为 0.275 分。至 2006 年，差距进一步扩大到 0.909 分。但自 2007 年起，两者差距开始逐步缩小，至 2009 年几乎完全相同。随后，中国与世界其他国家 OFDIPRI 的差距又略微拉开，至 2017

年维持在 0.240 分的差距。但整体而言，尤其是 2010 ~ 2017 年这一阶段，中国与世界其他国家 OFDIPRI 差距维持在一个较为稳定的状态，基本在 0.250 左右（见图 5.9）。

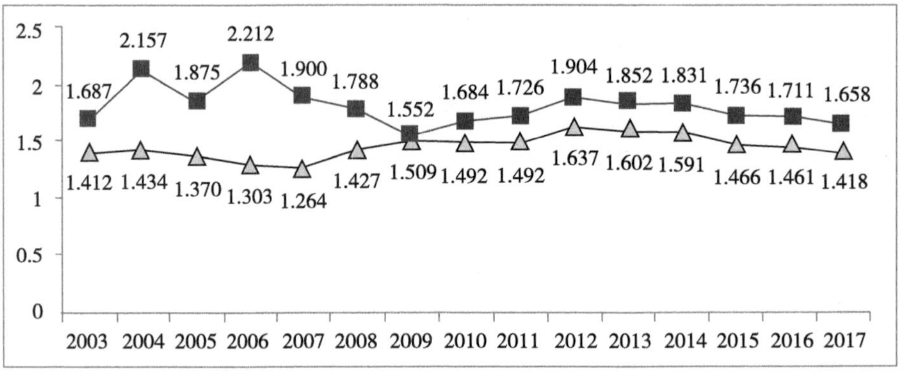

图 5.9　中国与世界其他国家对外直接投资政治风险指数（2003 ~ 2017 年）

资料来源：根据以下数据库的整理：世界经济论坛、全球竞争力报告（The global competitiveness report 2003-2017 年）、世界竞争力年度报告（World Competitiveness Yearbook 2003~2017，WCY）、世界治理指标（WGI）、经济自由度指数（IEF）、世界竞争力指标（IMD）、政治体制指标（Polity）、世界自由度指标（FH）。

5.3.3　中国与世界其他国家在不同风险国家的 OFDI 比例分布

表 5.8 进一步比较中国与世界其他国家在高、中、低政治风险国家的 OFDI 比例分布。2003 ~ 2006 年，中国对中等风险国家直接投资最多，比例为 37.1%；其次是中间偏高风险国家，比例为 14.0%；两者合计 51.1%，高出世界其他国家 26.3 个百分点。很显然，中国与世界其他国家的对外直接投资，呈现出明显的分布差异。

表 5.8　中国与世界其他国家在高、中、低政治风险国家的对外直接投资分布

单位：比例（%）

项目类别	低	中间偏低	中间	中间偏高	高
2003 ~ 2006 年					
中国	24.9	22.9	37.1	14.0	1.1

续表

世界其他国家	49.0	26.0	23.0	1.8	0.1
2007 ~ 2009 年					
中国	34.9	29.1	26.4	7.2	2.5
世界其他国家	48.6	22.7	26.8	1.7	0.2
2010 ~ 2017 年					
中国	38.4	19.3	26.3	13.6	2.3
世界其他国家	43.4	22.9	31.0	2.3	0.5

说明：低表示：0 ≤ PRI < 1；中间偏低表示：1 ≤ PRI < 2；中间表示 2 ≤ PRI < 3；中间偏高表示：3 ≤ PRI < 4；高表示：4 ≤ PRI < 5；PRI= 政治风险指数。

资料来源：根据以下数据库的整理：世界经济论坛、全球竞争力报告（The global competitiveness report 2003–2017 年）、世界竞争力年度报告（World Competitiveness Yearbook 2003~2017，WCY）、世界治理指标（WGI）、经济自由度指数（IEF）、世界竞争力指标（IMD）、政治体制指标（Polity）、世界自由度指标（FH）。

到了 2007 ~ 2009 年，中国对外直接投资模式开始向世界其他国家靠拢。在此期间，中国对中等风险、中等偏高风险国家直接投资的比例大幅减少到 33.6%。此时期的资金更多地流向低风险国家，比例为 34.9%，更加趋近世界其他国家（48.6%）。

2010 ~ 2017 年，中国继续巩固对低风险国家直接投资，比例再攀升到 38.4%；世界其他国家的投资比例反而衰退到 43.4%，两者差距进一步缩小到 5 个百分点。不过，受到全球金融危机的影响，中国与世界其他国家都试图分散对外直接投资过于集中的风险；其中，中国增加对中间偏高风险国家的投资，增加比例为 6.4 个百分点；世界其他国家增加对中间风险国家的投资，增加比例为 4.2 个百分点。因为中国对外直接投资分散对象的 PRI 略高于世界其他国家，造成两者 OFDIPRI 差距小幅拉大。

5.3.4 中国与世界主要国家对外直接投资政治风险分布

本书进一步分析，中国与七大工业国家（G7）、金砖其他三国的对外直接投资政治风险分布比较。

表 5.9　中国与世界主要国家对外直接投资政治风险分布（2007～2017 年）

单位：（%）

项目类别	低	中间偏低	中间	中间偏高	高
中国	4.2	1.7	–12.3	7.4*	–1.0
意大利	–44.0	–10.1	51.1*	2.9	0.1
法国	0.0	–15.2	14.8*	0.4	0.0
俄罗斯	–26.0	28.4*	–1.2	–1.4	0.2
英国	–32.7	23.0*	9.6	0.1	0.0
巴西	–24.1	17.4*	8.6	–1.1	0.0
日本	–1.5	2.0*	–0.4	–0.1	0.0
加拿大	24.6*	–18.6	–4.2	–1.8	0.0
印度	20.3*	–19.9	–0.3	–0.1	0.0
德国	7.3*	–5.7	–1.4	–0.2	0.0
美国	5.5*	–6.1	–0.2	0.8	0.0

说明：低表示：0 ≤ PRI < 1；中间偏低表示：1 ≤ PRI < 2；中间表示 2 ≤ PRI < 3；中间偏高表示：3 ≤ PRI < 4；高表示：4 ≤ PRI < 5；PRI= 政治风险指数。

* 表示比例增加最多的区间。

资料来源：根据以下数据库的整理：世界经济论坛、全球竞争力报告（The global competitiveness report 2003–2017 年）、世界竞争力年度报告（World Competitiveness Yearbook 2003–2017，WCY）、世界治理指标（WGI）、经济自由度指数（IEF）、世界竞争力指标（IMD）、政治体制指标（Polity）、世界自由度指标（FH）。

表 5.9 显示，2008 年全球金融危机前后，这 11 个国家的对外直接投资政治风险出现 3 种模式：一是对外直接投资纯粹向中间风险国家移动，例如，2017 年意大利对低风险国家投资比例为 17.2%，与 2007 年相比大幅减少 44 个百分点；同时，对中间偏低风险国家投资也衰退 10.1%。反之，意大利对中间风险国家则增加 51.1%。属于这种模式的国家还包括法国、俄罗斯、英国、巴西、日本。二是对外直接投资纯粹向低风险国家移动，这类国家不多，只有加拿大、印度、德国、美国等 4 个国家。三是中国，其表现出明显的差异化，即向中间偏高与低风险两端移动。这一方面凸显中国勇于承担政治风险，另一方面也重视对外投资的安全。换句话

说，先行研究存在明显的误解。本书以下将进一步分析影响中国对外直接投资政治风险影响因素。

5.4 本章结论

很显然，过去文献对于中国对外直接投资政治风险存在严重的误解——认为中国政府有计划地拉拢专制与高政治风险国家。不过，本书实证结果显示：2003～2006 年，中国 OFDIPRI 确实偏高，与世界其他国家的差距一度拉开到 0.9 分。但此后，中国与世界其他国家的 OFDIPRI 差距则开始收敛，至 2009 年已相差无几。究其原因，在“走出去”战略执行初期，中国还未意识到对外直接投资政治风险，但是在中国累积一定的投资经验后，也相当重视政治风险，基本与国际社会持平。

另一个明显例证是，2003～2017 年，中国对高风险国家的投资比例不高，平均仅 2.0% 而已；特别是，中国政府对这些国家的外交运作也不甚积极。例如，中国外援高风险国家的比例只为 5.1%，且与高风险国家签署 BITs 的数量也仅两个——朝鲜与乌兹别克斯坦。很显然，实情是中国与世界其他国家都一样，主要投资对象都为中低风险国家。

综上所述，中国对外直接投资的政治风险逐渐向世界其他国家趋同。这表现在两个方面：一是中国将对外直接投资更多地投向低风险国家，并进一步向大多数国家收敛；二是全球金融危机后，中国与世界各国也都将部分资金转移到中间风险国家，也就是说，中国也是政治风险趋避者。特别是，中国对高政治风险国家直接投资的比例，平均仅为 2% 而已——虽略高于世界其他国家，但是并没有如大多数文献所宣称的过于极端化。但在中间偏高风险国家的投资则高于世界其他国家 10% 左右，而且这样的差距是持续的现象。

6　对外直接投资政治风险的影响因素——企业所有制分析

影响一国企业对外直接投资政治风险的因素很多，包含企业层面、产业层面、政策层面以及国际层面。因此，本章将重点围绕企业所有制结构，分析其对中国企业对外直接投资政治风险的影响，从而在一定程度上解释中国企业对外直接投资的政治风险为何始终略高于国际平均水平。

国有企业在中国对外直接投资中，始终占有一半以上的份额，这反映了国有企业在中国整体经济结构中占据重要地位。国有企业凭借资金、技术、管理经验等方面的优势，在对外直接投资中起到先行者和主力军的作用，特别是在前期中国大量进行对外直接投资的能源和基础设施建设等长周期、重资本行业，国有企业的资金、技术优势更为突出。企业本身在资源和能力禀赋上的异质性，会影响其应对海外东道国政治风险的能力，因此，本章重点研究企业所有制结构这一典型异质性对对外直接投资中政治风险的调节效用，以及中国跨国企业（MNEs）的区位选择问题。

国有制导致中国的公司以非传统的方式对待政治风险，以及政府的支持使这些国有公司更少地依赖自己和其他中国公司在东道国的过往经验。本章利用 186 家分布在 93 个国家的中国对外直接投资公司的决策数据，对相关假设进行了检测。

中国的国有企业（SOEs）比非国有企业更有可能向高政治风险的国家进行投资，并且国有企业较少在乎往常经验和模仿他人。也就是说，国有企业敢于承受更高的政治风险。本章以宏观和微观的政治风险的区别为基础，通过归纳政治风险的文献，解释说明了在一个既定的东道国内，政治风险为什么随着投资公司的不同而变化。

跨国企业（MNEs）的区位选择已经受到了学者和从业者的大量关

注，因为海外的区位选择对企业绩效有潜在的影响，或者提高，或者减少（Jain 等，2016）。近几年来，新兴市场中跨国企业的快速崛起正在重组全球经济格局。相比较于发达国家的跨国企业，因为它们表现出了完全不同的行为方式和增长战略，所以需要重新评价那些强调传统理论的假设，以便研究新兴市场跨国企业的独特性会如何影响它们的国际扩张（Kim 和 Aguilera，2016）。

在新兴经济体的对外直接投资热潮中，中国是表现最杰出的。中国的一些跨国企业实施了重要的跨境并购（M&As）。国有企业在这一并购过程中，从一开始就起到了领头羊的作用，这是明显的特征之一。据估计，国有公司占到了中国对外直接投资存量的四分之三（Sauvant，2013）。关于这种治理结构，最近两篇对国外区位选择的文献评论了在新兴市场跨国企业的区位决策，政府所有权或者与政府有联系等非市场因素可能起到了至关重要的作用（Jain 等，2016；Kim 和 Aguilera，2016）。

跨国企业选择进入东道国市场，将面临一些由于东道国因素引起的高度不确定性。对中国跨国企业来讲，在这些东道国区位选择的决定因素中，政治风险已经得到了广泛的研究（Buckley 等，2007，2016；Duanmu 和 Guney，2009；Guo 等，2014；Han 等，2014；Kang 和 Jiang，2012；Kolstad 和 Wiig，2012；Lv 和 Spigarelli，2016；Quer 等，2012）。但是，关于国有制如何调节政治风险对中国跨国企业区位选择的影响，并没有足够的实证证据（Amighini 等，2012；Duanmu，2012，2014；Ramasamy 等，2012）。

此外，Yuan 和 Pangarkar（2010，2016）认为，中国跨国企业的经理们既可以通过重复他们过去的选择（惯性行为），又可以通过模仿其他公司（模仿行为），来处理外国市场准入的不确定性。然而，他们没有分析国有制对中国跨国企业的惯性行为、模仿行为和区位选择之间的调节效应。

本章分析了国有制和东道国政治风险、惯性行为和模仿行为之间的关系，以及这些关系如何影响中国跨国企业的区位选择。

首先，本书发现，即使投资主体来自同一个母国，不同类型的公司在东道国所面临的政治风险并不相同，对他们自己以前的决策经验、母国其他公司的经验依赖性也不尽相同。

其次，本书有助于对新兴市场跨国企业特别是中国跨国企业的实证研究。尽管国际商务的学者们开始越来越关注中国公司的国际化（Enderwick，2017；Qunyong，2017），但是文献中仍然存在一些空白，需要深入研究来拓展本书对中国跨国企业的认知。先前的一些论文已经分析了国有制在中国对外直接投资中所起的作用（Quer 等，2015），但是就像上述所提及的那样，只有少数几篇论文研究了国有制对中国跨国企业区位选择所起的调节效应。此外，通过将国有制作为调节变量，本书试图阐明中国跨国企业区位选择的非传统行为。在先前的实证研究中分析过这些非传统行为，但并没有区分国有企业和非国有企业。在此过程中，通过分析为何国有制是所有权优势的来源，以及为何国有制能够降低交易成本和区位劣势，本书寻求为所有权——区位——内部化（ownership-location-internalization，OLI）（Dunning，1981）模型提供新的视角。

本章首先针对之前提到的国有制的调节效应提出了几个假设。其次，本章以中国对外直接投资的决策实例为基础，提出了实证研究的方法，并得出了主要的观点。

6.1 理论和假设

在影响跨国企业的区位选择的制度因素中，东道国的政治风险是其中研究最多的制度因素之一。从调控制度的角度来说，可以预料到，跨国企业会在对外商投资制度约束更松的国家进行选址（Kang 和 Jiang，2012）。

政治和法律的政权性是这些调控制度中的主要维度之一。在最终被征用的情况下，外国所有权或资产敞口增加所伴随的高度不确定性，将会阻碍对外直接投资的决策（Brouthers，2002；Pak 和 Park，2004）。在东道国不提供强有力的产权保护时，有优质专有资产的跨国企业会面临更大的知识产权侵占风险以及更高的征用风险（Jiang 等，2014）。因此，由于跨国企业在进入一个不稳定的环境的时候会更加犹豫不决，传统观点认为高政治风险和对外直接投资的选址成负相关。

但是，有人质疑这种观点，并且提出了不是所有的外国公司在东道国都面临相同的政治风险。最为广泛接受的政治风险的定义是 Simon（1982）的定义，其内容为："政府的或社会的行动和政策，或者来自东道国内部或者来自东道国外部，并且对特定的或者大多数外商企业的运行和投资都有消极的影响。"这一定义很有趣，因为它提出了在一个既定的东道国，投资公司之间的政治风险可能是不同的。事实上，Robock（1971）是第一个区分宏观政治风险和微观政治风险的学者，前者是指"未预料到的环境变化和出于政治动机的环境变化，被广泛地针对所有外国企业"，后者是指"环境变化只是影响部分特定行业的商业活动或有某种特征的外国企业"。区别政治风险的宏观性和微观性是很重要的，考虑到特定的行业和企业，一些事件的影响可能是不同的。宏观风险是在不考虑组织特征的情况下，影响一个国家所有外国企业的环境事件；而微观风险则是产业、企业甚至特定项目（Kobrin，1981）。但是，之前的实证研究主要是集中研究了宏观维度的政治风险，对微观维度的关注比较少。

此外，一些因素，例如公司对当地经济的贡献（Juhl，1985；Rice 和 Mahmoud，1990），会减缓宏观环境对每个公司（尤其是特定政治风险）的影响（Alon 和 Herbert，2009）。政治风险包含了几个方面，例如征用风险、规章制度、安全问题、财政政策、贸易壁垒。无论如何，考虑到公司的特性，这些因素对不同公司的影响的大小可能是不同的（Alon 等，

2006；Alon 和 Herbert，2009）。首先，公司处理政治风险的能力，可能会起到决定性的作用（Frynas 和 Mellahi，2003；Jim é nez 等，2014）。特别是新兴市场的跨国企业，可以建立应对政治不确定性领域的特殊能力。它们在一个制度环境不发达的母国经营公司面临着竞争劣势。但是，当在类似的不发达制度环境的东道国经营时，这种劣势就可以转化为优势（Cuervo-Cazurra 和 Genc，2008）。一些新兴市场的跨国企业，由于要处理母国的这种不确定性，反而形成了处理这些风险和政治不确定性的能力。因此，这些公司可能利用母国的特殊环境来形成公司的特定优势。

除此之外，基于母国和东道国的外交关系，投资公司的国籍也会影响政治风险的程度（DelaTorre 和 Neckar，1988）。就如 Simon（1984）指出的那样，当一个跨国企业在一个既定的东道国进行投资，它便是进入了那个国家的世界，它将面临的风险将取决于关键角色的互动，这一互动会导致间接的外部风险，包括母国和东道国关系恶化的影响。最终，跨国企业母国和东道国的紧张的外交关系可能会导致东道国政府的敌意和不公平的对待，因此增加了政治风险（Alon 和 Herbert，2009）。

传统观点认为：东道国的政治风险会抑制它们的对外直接投资，考虑到之前提到的那些因素，例如制度约束、高度的不确定性、缺乏产权保护以及征用风险（Duanmu，2012，2014；Duanmu 和 Guney，2009；Guo 等，2014；Lv 和 Spigarelli，2016），关于中国跨国企业的一些实证论文支持了这一传统观点。不管怎样，也有实证显示，东道国的风险并不会以传统的方式影响中国的跨国企业。Buckley 等（2007，2016）发现，没有证据可以支持中国对外直接投资和东道国政治风险上涨的水平是负相关的观点。相似的，Quer 等（2012）认为，东道国的高政治风险并没有阻止中国的跨国企业。Kolstad 和 Wiig（2012）发现，中国的对外直接投资会被吸引到资源丰富、制度落后的国家。其余论文甚至写道，中国跨国企业会趋向于建立在有潜在政治风险的国家（Han 等，2014；Kang 和 Jiang，2012；

Ramasamy 等，2012）。

一些研究学者根据上面提到过的中国和特定东道国的双边外交关系，为这些非传统的发现提供了论据。因此，Buckley 等（2007，2016）指出，中国有些对外直接投资，投在了和中国有紧密政治和意识形态联系的国家，这些国家许多都有高政治风险。Li 和 Liang（2012）认为，中国公司趋向于在高政治风险的东道国投资，不是因为他们是风险偏好者，而是因为中国和东道国良好的政治关系降低了风险。同样，Li 等（2013）认为，中国政府通过和东道国建立良好的关系，代表中国公司和东道国政府讨价还价，可以降低中国公司在东道国开展业务所面临的风险水平。就如 Child 和 Marinova（2014）提出的那样，中国政府对中国公司国际化的积极参与可以扩展至双边协议，这可以稳固中国企业在东道国的经营环境。因此，中国和东道国的外交关系可能会起一定的作用（Zhang 等，2014），因为这是一种降低风险的手段，特别是对国有企业而言（Duanmu，2014）。遵循相似的推理，Gao 等（2015）指出，中国和东道国的政治关系，可能会影响到东道国制度对中国国有企业扩张的效果。

一些学者为这些非传统的观点提供了其他的解释。Ge 和 Ding（2009）提出，一些中国跨国企业选择投资地点，主要是基于它们自己的战略目标：力图赶上现有的发达国家跨国企业，而不是政治风险或者是心理距离（Luo 和 Tung，2007）。中国的跨国企业经常是它们所从事行业的后来竞争者。正因如此，为了能够利用本国没有的资源和才能，它们不得不加快自己国际化的脚步（Mathews，2002）。通过积极而且冒险的跨境收购来克服后来者的缺点，这被认为是新兴市场跨国企业的一个显著特点（Kedia 等，2012）。

此外，Kang 和 Jiang（2012）指出，对于发达国家跨国企业可能认为风险太大的国家，中国跨国企业正在努力试图在这些国家寻求机遇。Buckley（2007，2016）等关注中国自身制度框架的特殊性，也提出了其他观点。他们提出，中国公司对感知、对待风险的方式和来自工业化国家的企业不一样，它们会对风险表现出反常的态度。第一，因为中国资本市场的不完全，中国公司的资本成本会更低一些，特别是对国有企业而言。第二，因为它们常受到中国政府制度的影响，它们可能不会只是追求利益的最大化。同样，Rudy 等（2016）指出，由于它们和国家关系产生的软预算约束，国有企业更有可能表现出更大的风险偏好。

本书认为，国有制可以使中国企业更好地利用上述所有机会。作为跨国企业的所有者，政府可以比私营企业主承受更高的跨境交易风险。国有企业的经理们可以进入那些对私营跨国企业来说风险更大的国家，因为他们享受着母国政府的保护（Cuervo-Cazurra 等，2014）：如果国有企业经营遇到困难，母国政府就会帮助它们，并且还可以利用政治关系和外交手段来减少潜在的征用风险。

事实上，一些关于中国对外直接投资区位选择的论文，分析了国有企业和民营企业在政治风险影响方面的差异。Duanmu（2012，2014）发现，与非国有企业相比，中国国有企业较少关注东道国的政治风险，而 Amighini 等（2012）和 Ramasamy 等（2012）也提到，中国国有企业大多投资到自然资源国家和较高政治风险的国家。如上所述，在投资有政治风险的地区时，更宽松的预算约束、追求政策目标而不是单纯追求利润最大化、母国政府的保护，尤其是来自两国的外交关系，都为中国国有企业提供了优于民营竞争对手的优势。根据这些观点，本书提出第一个假设：

H1：国有制降低了政治风险对中国对外直接投资区位选择的负面影响，因为国有企业更有可能进入较高政治风险的国家。

根据制度理论，组织印刻现象指的是制度化过程，在这一过程中随着时间的推移，某一组织趋向于保持某一特定的结构特征和实务（Zucker，1977）。有了组织印刻现象，一旦执行一个决策，就降低了以后替换决策的可能性（Lu，2002）。这个论点也可能与生态角度的行为惯性有关。人口生态学理论认为，由于组织结构的变化是有风险的，企业会受到强大惯性力的约束，换句话说，当面临环境威胁时，它们很少能成功地进行根本的战略和结构变革（Hannan 和 Freeman，1977，1984）。从这个角度出发，惯性可以定义为习惯性地重复过去的行为和活动模式（Jansen，2004）。

在对外直接投资区位选择的背景下，这些想法与一种特定类型的国际经验相联系，即特定决策经验，企业在面临不确定性时，会重复以往的选择。因此，在选择对外直接投资地点时，惯性力量会鼓励跨国企业依赖公司惯性，而不去选择一个新的东道国（Yuan 和 Pangarkar，2010）。事实上，Jiang 等（2014）在分析区位选择战略时发现，公司在前期投资规模越大，将来越有可能在同一国家进行投资。

当公司进入一个新的东道国市场时，它们通常会面临高度的不确定性，它们必须克服外来者劣势，或者说，公司第一次进入东道国市场时必须面对额外成本（Zaheer，1995）。东道国语言、法律和规则市场知识的缺乏，不仅与心理距离有关，还与外来者劣势有关（Johanson 和 Vahlne，2009）。

对东道国的了解决定着外来投资的进入（Lu 等，2014）。如果某个公司已经在一个特定的东道国经营业务很长一段时间，或者已经建立了子公司，它可能会对东道国的环境有更深入的了解。先前的一些研究分析了东道国的特定经验和资源禀赋之间的正相关性（Chang 和 Rosenzweig，2001；Luo，2001；Yu，1990）。因此，东道国的特定经验可以帮助企业克服外来者劣势，反过来还可以帮助企业利用过去的特定决策经验（Lu，2002；Luo 和 Peng，1999）。

就中国对外直接投资而言，关于惯性行为对区位选择影响的经验证据仍然不足。Yuan 和 Pangarkar（2010，2016）认为，某一公司之前选择了一个特定的东道国，则该公司未来会更有可能在同一地点加大投资。对于区位（Johanson 和 Vahlne，2009）和当地客户（Hertenstein 等，2017；Hobdari 等，2017）不断地熟悉和了解，也会促进投资。

然而，Yuan 和 Pangarkar（2010，2016）并没有提到国家所有权的潜在调节效用。国有制可能会影响企业对外直接投资的意愿和能力。国有程度较低的跨国企业较少依赖政府获取资源（Wang 等，2012）。与国有企业相比，中国的非国有企业在海外开展业务时，必须依靠自身的资源和能力。大多数大型国有企业享有某些特权，例如，政府财政支持、补贴、监管或国内垄断地位等（Song 等，2011）。因此，当政府为国有企业提供投资资金或与外国政府打交道的外交支持时，政府所有权成为国有企业优势的源泉（Cuervo-Cazurra 等，2014）。

由于这些战略资产的获取，中国国有企业在进入一个新的东道国时可能会更加自信，风险厌恶程度也会降低。因此，在选择新地点时，中国国有企业可能不那么依赖自己在特定东道国的特定决策经验。鉴于这些论点，本书提议：

H2：在中国对外直接投资的区位选择上，国有制企业更少依赖于行为惯性。

同构是制度理论的另一个关键要素。它是指迫使一个组织与其他面临类似环境条件的组织相似的过程（Dimagio 和 Powell，1983）。制度理论认为，组织寻求同行的认可或合法性。因此，面对不确定性，组织的行为方式往往与机构环境中其他组织的行为相一致（Meyer 和 Rowan，1977）。模仿行为或频率模仿（复制非常常见的实践）是一种制度同构，组织通过这种同构执行以前由其他组织使用的实践（Haunschild 和 Miner，1997）。

模仿行为已被用于以往的研究，重点是市场进入决策。Haverman（1993）发现，公司倾向于跟随相似和成功的公司进入新市场。Henisz 和 Delios（2001）报告说，越多公司在哪里设厂，其他公司在该地区设厂的可能性就越大。Jiang 等（2014）发现，东道国和母国之间的正式和非正式制度差距，对对外直接投资地点的选择有着负面影响，但母国其他公司的经验减轻了这一影响。同样，Jim é nez 和 delaFuente（2016）表明，在东道国，无论是对于属于同一行业的公司还是不同行业的公司，许多来自同一母国的公司积极缓和了较大的心理距离对跨国企业子公司区位选择的负面影响。

这与“替代经验”的概念有关，即具有共同特征的其他公司的外国投资经验，为跨国企业提供东道国正式和非正式制度环境的信息，从而提高跨国企业在制度上不受约束的情况下管理子公司业务的能力（Jiang 等，2014）。其中一个共同特征可能是有相同的母国，因为这些同胞企业在投资东道国时会面临相同或相似的困难（Tan 和 Meyer，2011）。此外，共同的信仰和相似的文化背景，使投资公司更容易从同一个国家的公司经验中参考和吸收（Cohen 和 Levinthal，1990）。

中国跨国企业的区位选择行为尚不充分。Yuan 和 Pangarkar（2010，2016）还报告说，其他中国公司之前选择了特定的东道国，这增加了该公司在未来决策中进入同一东道国的可能性。然而，他们也没有提到国有制的潜在缓和效应。

基于上述相似的推理，本书认为，国家所有制可能缓和模仿行为与地区选择之间的关系。由于中国国有企业所享有的特权，它们在做出进入外国市场的决定时可能会更加自信，风险厌恶程度也会降低。因此，当进入一个新的东道国时，中国国有企业可能较少依赖于在东道国的其他中国企业的经验。

此外，企业之间的相似性可能会鼓励模仿行为。在这种情况下，拥有类似所有权结构的同胞公司可以被视为一个特别相关的模仿参考群体。然而，来自同一母国、拥有不同所有权类型的公司，其模仿倾向可能有所不同。因此，Xie 和 Li（2017）报告称，与私营企业相比，中国国有企业模仿别人的可能性较小。这种较低的模仿倾向，可能是因为中国国有企业的动机和战略目标往往不同于私有企业，包括实现本国政府的政治目标。这可能导致它们被视为政治行动者，而不是纯粹的商业实体，从而增加了许多东道国的阻力（Huang 等，2017）。因此，中国国有企业可能不愿意效仿国有企业同行之前的战略选择（Xie 和 Li，2017）。因此，本书建议：

H3：国有制的模仿行为对中国对外直接投资的影响具有负向调节效用，因为与非国有企业相比，国有企业不太可能模仿。

6.2　数据来源和研究方法

6.2.1　数据收集

本书收集数据的几个主要来源：中国全球投资跟踪器（由美国传统基金会建立，它提供了一个中国全球性的投资和合同的大型数据库）、发布在一些中国报纸上的新闻（《中国日报》和《环球时报》等），及每个公司企业网站的信息。最后，本书收集了 2005 年到 2017 年中 93 个国家的 186 家中国公司的 489 笔对外直接投资，这些是本书研究的样本。

排在首位的目的地国是美国，有 67 笔对外直接投资，其次是澳大利亚（57）、加拿大（29）、巴西（24）、俄罗斯（24）和英国（20）。中国石油天然气集团公司以 32 笔的对外直接投资排名第一，中石化（27）、中海油（15）和中化（10）紧随其后。本书样本中的主要行业包括采矿业（26.3%）、工程和建筑业（10.2%）、汽车业（9.7%）和金融业（5.9%）。在所有制方面，国有企业 99 家（53.2%），非国有企业是 87 家（46.8%）。

6.2.2　因变量

本书的因变量是 i 公司关于在 j 国投资的地点决定，它由一个虚拟变量代替：如果 i 公司在 j 国投资取值 1；否则取值 0。

6.2.3　自变量

政治风险。本书使用第 5 章计算出来的中国对外直接投资的政治风险指标来衡量这个自变量。

惯性行为。这个自变量是由每个公司在每个特定国家的先前投资的数量来表示的。

模仿行为。前人对替代体验的研究（Jiang 等，2014；Jim é nez 和 delaFuente，2016），该自变量是由其他中国公司（不包括目标公司）在特定国家的先前投资的数量来表示的（Lu 等，2014；Yuan 和 Pangarkar，2010）。

6.2.4 调节变量

国有制。本书用一个虚拟变量来表示调节变量：如果是国有企业取值为 1；否则取值 0（Cui 和 Jiang，2012；Duanmu，2012；Li 等，2016；Liu 和 Scott-Kennel，2011；Pangarkar 和 Yuan，2009）。

6.2.5 控制变量

本书控制了一些可能影响中国跨国企业选址决策的因素。当跨国企业进入一个有着不同规则的制度环境时，它们必须建立社会合法性。实现这一目标的难度主要是和母国与东道国文化距离有关（Cui 和 Jiang，2009，2010）。然而，关于文化距离影响的经验证据在中国企业的案例中并不是决定性的。虽然一些论文发现，中国的对外直接投资与东道国的文化接近程度有关（Blomkvist 和 Drogendijk，2013；Buckley 等，2007、2016；Kang 和 Jiang，2012），但其他研究报告，文化距离对中国的对外直接投资区位选择没有很强的负面影响（Quer 等，2012；Zheng 等，2016）。因此，本书将文化距离作为一个控制变量，通过 Kogut 和 Singh（1988）指数测量，使用扩展的 Hofstede 六维模型（Hofstede 等，2010 年）。

东道国市场特征是影响一个国家投资流入的公认因素。近年来，寻求市场一直是中国对外直接投资的主要驱动因素之一（Buckley 等，2008；

Voss 等，2010）。据估计，快速增长的经济体比增长缓慢或处于衰退中的其他经济体提供更多的市场机会。然而，在中国跨国企业的案例中，缺乏确定的实证证据。Kang 和 Jiang（2012）就东道国市场增长对中国对外直接投资区位选择的积极影响只获得了部分支持；Buckley 等（2007 年、2016 年）没有发现任何关系；Duanmu 和 Guney（2009）报告称，中国的对外直接投资被市场增长率较低的国家吸引。因此，本书还利用世界银行的数据，通过 GDP 增长（年增长率）来控制东道国市场的增长，以捕捉东道国经济的市场潜力。

东道国的发展水平也可能影响跨国企业。一个国家制度框架的优势降低了外国公司的商业成本。在许多新兴经济体中，制度薄弱可能放大信息不对称，因此企业面临更大的风险，需要花费更多的资源来搜索信息（Meyer 等，2009）。为了控制这种情况，本书将发达国家作为虚拟变量，如果东道国是发达国家，则取 1，否则取 0。在此过程中，本书遵循了国际货币基金组织的分类（Yang 等，2013）。

寻求资源一直是中国对外直接投资的传统动因之一。近年来，由于中国经济的快速增长，许多行业越来越重视石油、天然气和原材料。大多数的关键参与者是国企，而国有企业获得了中国政府的大力支持（Buckley 等，2008）。因此，考虑到投资动机，本书加入了一个虚拟变量：如果是资源寻求则取值 1；其他取值 0。如果投资公司属于采矿、金属或石油和天然气行业，其目的是获得当地资源并且通常是在原材料丰富的国家，则这种投资就属于资源寻求类别。

Voss 等（2010）发现，由于中国各地区在对外直接投资审批流程的速度上存在差异，因此母国政府的态度差异起到了一定的作用。这使得他们认为，作为中国经济增长的传统支柱，中国东部沿海地区对对外直接投资的支持力度更大。同样，Liu 等（2014）证实，中国发达的区域制度环境对中国企业对外直接投资的程度有积极影响。Sun 等（2015）认为，中国某一特定地区的制度开放程度越高，总部位于该地区的本土企业的国际化程度就越高。此外，Wu 和 Chen（2014）发现，中国本土地区的制度发展水平与国外先进市场的区位呈正相关。因此，本书控制了中国内部的制度差异。本书使用的是来自中国国家统计局数据，该变量由公司总部所在地的中国省份、地区或直辖市的人均 GDP 代替（通过对数转换）。

6.3　企业所有制对对外直接投资政治风险效应的实证分析

如上所述，如果 *i* 公司投资于 *j* 国，本书的因变量的值为 1，否则因变量的值为 0。因为本书研究一个公司在一个特定的国家选址或不选址的决定，并有 17298 个观察对象（186 个公司 ×93 个国家）。本书使用条件逻辑回归模型检验本书的假设，该模型适用于选择属性和决策者特征可能对结果产生影响的情况。该模型已被用于中国对外直接投资区位选择的实证研究（Duanmu，2012；Quer 等，2012；Yuan 和 Pangarkar，2010；Zheng 等，2016）。

表 6.1　描述性统计及相关性

项目类别	平均值	标准差	1	2	3	4	5	6	7	8
文化距离	2.30	0.98								
东道国市场增长	4.22	3.84	−0.32**							
发达国家	0.29	0.45	0.37**	−0.42**						
寻求资源	0.34	0.47	0.00	0.00	0.00					
中国内部制度差异	3.99	0.20	0.00	0.00	0.00	−0.14**				
国有制	0.53	0.50	0.00	0.00	0.00	0.17**	0.19**			
政治风险	61.15	12.94	−0.26**	0.32**	−0.67**	0.00	0.00	0.00		
惯性行为	0.01	0.16	0.03**	−0.02*	0.03**	0.03**	0.02**	0.03**	−0.04**	
模仿行为	5.02	9.26	0.19**	−0.12**	0.27**	−0.00	−0.01	−0.01	−0.29**	0.07**

说明：* 表示 $p < 0.05$，** 表示 $p < 0.01$

数据来源：根据中国全球投资跟踪器、《中国日报》和《环球时报》、公司网站整理计算。

表 6.1 给出了描述性统计和相关性，而表 6.2 给出了区位选择条件逻辑回归的结果。本书使用不同的模型来验证这些假设。模型 1 只考虑控制变量进行回归。模型具有显著性（$p < 0.001$），4 个控制变量对区位选择具有正的显著性影响：文化距离、发达国家、资源寻求和中国内部制度差异。模型 2 包括政治风险、惯性行为、模仿行为和国家所有制的直接影响，该模型也具有统计学意义（$p < 0.001$）。这个模型反映了政治风险对选址决策的显著负面影响（$p < 0.001$），然而惯性、模仿行为和国家所有制统计显示具有正的显著影响（所有 $p < 0.001$）。

表 6.2　区位选择控制变量的条件逻辑回归结果

	模型 1	模型 2	模型 3	模型 4	模型 5	模型 6
控制变量						
文化距离	0.14*	0.06	0.05	0.06	0.05	0.06
东道国市场增长	0.02	0.02	0.02	0.02	0.02	0.02
发达国家	0.78***	0.26	0.26	0.25	0.27	0.25
寻求资源	0.53***	0.38***	0.38***	0.41***	0.38***	0.41***
中国国内制度差异	1.23***	0.93***	0.93***	1.01***	9.92***	1.01***
直接影响						
政治风险		−0.02***	−0.04***	−0.02***	−0.02***	−0.04***
惯性行为		0.28***	0.29***	2.68***	0.30***	2.63***
模仿行为		0.01***	0.01***	0.01***	0.02***	0.02***
国有制		0.48***	−0.96***	0.54***	0.62***	−0.55
交叉影响						
政治风险与国有制			0.03**			0.02*
惯性行为与国有制				−2.41***		−2.34***
模仿行为与国有制					−0.02*	−0.01
χ^2	116.08***	1637.85***	1638.24***	1831.61***	1639.92***	1832.08***
N	17298	17298	17298	17298	17298	17298

说明：因变量：i 公司在 j 国投资取值 1；其他取值 0。

* 表示 $p < 0.05$，** 表示 $p < 0.01$，*** 表示 $p < 0.001$。

数据来源：根据中国全球投资跟踪器、《中国日报》和《环球时报》、公司网站整理计算。

模型 3 至模型 6 检验了关于国有制调节效应的假设。所有这些模型都是统计上显著（$p < 0.001$）。模型 3 至模型 5 包括各自单独的交互效果，模型 6 包含所有交互效果。模型 3（系数 β=0.03，$p < 0.01$）和模型 6（系数 β=0.02，$p < 0.05$）都表现出政治风险和国有制之间的交互影响是显著的正向关系。这些结果表明，中国国有企业比非国有企业更有可能在政治风险较高的国家进行对外直接投资。因此，假设 1 是得到支持的。这些发现与 Amighini 等（2012）、Duanmu（2012，2014）和 Ramasamy 等（2012）的研究结果一致，他们发现中国国有企业相对于非国有企业的风险厌恶程度更低。此外，本书的研究结果可能会为其他实证研究提供支持，即东道国风险并不是以传统方式影响中国跨国企业（Buckley 等，2007，2016；Kang 和 Jiang，2012；Kolstad 和 Wiig，2012；Quer 等，2012）。他们中的一些人甚至发现，与发达国家的跨国企业相比，中国企业对风险表现出了一种反常的态度。但是，后者的研究并没有明确考虑国有制对决定因素与区位选择之间关系的调节效用。因此，将国有制作为一个调节变量，可能有助于揭示中国跨国企业在区位决策时的非常规行为。

在模型 4（β=−2.41，$p < 0.001$）和模型 6（β=−2.34，$p < 0.001$）中，惯性行为和国有制之间的交互作用项是高度显著的负向关系。这些结果表明，国有制对惯性行为（企业在每个东道国的先前投资）与企业进入东道国的可能性之间的关系具有负的调节效用。因此，假设 2 是有强有力的证据支持的。

在模型 5 和模型 6 中，模仿行为和国有制之间的交互作用是负相关，但只有在模型 5（β=−0.02，$p < 0.05$）中是统计上显著。这些结果表明，国有制对模仿行为（其他中国企业在每个东道国的先前投资）与选址可能性之间的关系具有负调节效用。然而，由于模型 6 缺乏显著性，因此本书认为，假设 3 得到了部分支持。

在这种情况下，很难将假设 2 和假设 3 的结果与以往中国跨国企业的研究结果进行比较。如上所述，关于中国对外直接投资地点的惯性行为和模仿行为的实证证据很少。在模型 2 至模型 6 中，惯性行为和模仿行为之间的正向直接影响，同 Yuan 和 Pangarkar（2010、2016）的发现是一致的，也就是说，特定东道国的目标公司和其他中国公司的先前选择，该目标公司在未来进行投资决策时，更有可能选择同一东道国。然而，由于这些学者没有分析国有制的潜在调节效用，而本书的研究结果表明中国国有企业往往不那么具有惯性和模仿性，因此这两者无法进行比较。

在控制变量方面，所有模型之中的两个变量在统计上都是显著的。首先，虚拟变量“资源寻求”对中国跨国企业的选址决策有显著的正向影响。因此，采矿、金属或石油和天然气的相关企业，与决定在某一东道国进行对外直接投资是正相关的。如前所述，寻找石油、天然气或原材料等资源，一直是中国对外直接投资的传统驱动因素之一，尤其是对中国国有企业而言。

其次，中国内部制度差异变量（以人均 GDP 代替）在所有回归中均表现出显著的正相关效应。这一结果表明，企业的母国地区差别可能影响了对外直接投资的区位决策。特别是，如果中国东部地区能够更好地支持对外直接投资，则就可以预计该公司的决策将会更加容易。过去 30 年中，中国东部地区——一直作为中国经济增长的传统引擎——可能会出现这种情况。事实上，描述性统计显示，总部位于北京（华北地区）、上海、山东、江苏和浙江（东部沿海地区）以及广东（华南地区）的公司占本书样本投资者的 68.8%。

6.4 本章结论

本部分旨在通过分析中国国有企业在选择对外直接投资区位时，是否与非国有企业对外部制度因素的反应不同，从而为研究中国跨国企业的行为做出贡献。在此过程中，本书还为对外直接投资选址的研究做出了贡献，这是跨国企业最重要的决策之一。正如 Deng（2013）所指出的，由于目前的理论主要集中在私人企业，考虑中国国有企业如何以及在多大程度上在全球范围内推进对外直接投资理论和企业行为，这将是一个富有成果的研究领域。

从理论的角度，本书旨在通过分析国有制如何调节一些东道国制度因素与对外直接投资区位决策之间的关系，推动国际商务研究中的制度理论。如 Jain 等（2016）在其关于区位决策的文献综述中指出的那样，政府结构（如国有企业）如何决定区位选择仍然是一个研究不足的领域。事实上，Cuervo-Cazurra 等（2014）在回答在哪里进行海外投资的问题时发表观点说，国有跨国企业的选择可以拓展跨国企业的研究文献。因此，他们指出，传统的解释表明，跨国企业往往会选择一个资源型、能力型的国家，从而获得更高的盈利能力。但是，国有跨国企业会选择这样的国家，母国政府希望实现某种影响或外交关系，尽管其位置商业利益有限。

本书发现，即使来自同一个国家的公司，由于其各自的特点，在另一个国家也不会面临同样的政治风险。这一观点对政治风险研究具有重要的理论意义。鉴于宏观和微观政治风险之间的区别，本书提出了一些观点，解释了为什么在同一东道国投资的公司之间的政治风险各不相同，这为政治风险文献增添了一些新内容。关于微观政治风险的学术研究还比较少，因为到目前为止大部分的研究都集中在宏观政治风险上（Alon 和 Herbert，2009）。微观政治风险评估应该在行业甚至企业层面进行，而大多数作者在撰写关于政治风险的文章时，都是参考宏观政治风险（Sottilotta，2013）。

此外，本书还为中国跨国企业的行为提供了新的实证证据支持，而中国跨国企业近年来在全球经济中正在成为重要角色。据本书所知，关于国有制对模仿行为、惯性行为以及中国跨国企业区位选择关系的分析，本书是为数不多的研究之一。本书的研究结果表明，与非国有企业相比，中国国有企业更有可能进入政治风险较高的国家，而且不太可能具有惯性和模仿性。但最后一种调节效应在统计上较不显著。如上所述，中国国有企业在进入一个有更高政治风险的东道国时，会做出非常规的行为，背后的原因如下：中国和东道国良好的外交关系，意图追赶上现有的发达国家跨国企业，利用被发达国家跨国企业视为高风险国家的机会，以及中国的制度框架的特质。在惯性和模仿行为方面，中国政府为国有企业提供了战略支持，使其不那么依赖于自身和其他中国企业在东道国的经验。

除了对中国跨国企业和区位选择有一定的学术贡献外，本研究还具有一定的管理意义。一些中国跨国企业已经进行了重大的跨国并购，并在从石油和天然气到汽车、工程、建筑和金融等许多行业中成为全球领先的参与者。来自其他国家的公司，尤其是发达国家跨国企业的经理，必须知道这些新兴全球企业在海外做生意时是如何做出决策的。此外，由于许多中国的跨国企业也是国有企业，因此有必要分析它们的行为是否与非国有企业的行为不同，是否偏离了以发达国家跨国企业为主的传统智慧。这项研究的结果说明，这至少在选址决策上是正确的。更准确地说，政府的支持使得中国国有企业在进入一个新的东道国时，不那么惧怕风险。

7　对外直接投资政治风险的管控机制——对外援助分析

2002 年，中国政府宣布“走出去”，是对外开放的重大举措。据此，中国政府密集颁布《关于投资体制改革的决定》《关于境外投资开办企业核准事项的规定》《境外投资管理办法》以及《境外投资项目核准暂行管理办法》，大幅放宽境内企业对外直接投资的限制。换句话说，企业“走出去”已成为中国政府的核心战略之一。

从实际金额来看，中国对外直接投资从 2002 年的 27 亿美元，攀升到 2017 年的 1582.9 亿美元；截至 2017 年年底，对外直接投资存量已突破 18000 亿美元。从企业类型来看，在中国前 100 个境外直接投资企业中，共有 53 家企业隶属于中央管理的国有企业；其次是地方政府管辖的国有企业，总数为 32 家，两者合计 85 家。很显然，中国“走出去”战略的主要执行者为国有企业，这是中国对外直接投资的特色。

特别是，这些国有企业对外直接投资必须通过 4 道关卡。首先需要向国务院国有资产监督管理委员会申请，其次再分别取得国家发改委的审批许可证、商务部的境外投资证书，以及国家外汇管理局的外汇登记凭证。在审查过程中，中国政府还会向驻外使馆进行查验。换句话说，中国政府借由对外直接投资项目的实质审查，保证企业的海外投资符合政策期待。

综上所述，中国中央政府拟定“走出去”战略，国有企业是对外直接投资的主体。在此机制下，政府和企业成为共同的行动者。

中国政府除透过内部行政管理体制，控制对外直接投资政治风险外，还同时采用两种经济外交行动，保障其境外企业安全。

一是给予高政治风险国家大量的外援。外援不仅有利于巩固投资国与东道国双边政治友好关系，同时援助国还可以借由外援执行计划的审核，即时洞悉该受援国的政治经济局势变化。例如，2003 ~ 2017 年，中间风险国家接受中国外援最多，比例为 61.5%；第二是中间偏高风险国家，比例为 15%；第三是中间偏低风险国家，比例为 13.2%。这大致符合中国对外直接投资的分布状况；其中，流向中间风险、中间偏低风险以及中间偏高风险国家的比例，平均为 29.9%、23.8% 与 11.6%。换句话说，中国施与外援，同时会考虑东道国政治风险及其在当地的对外直接投资数量。

二是签订双边投资协议（bilateral investment treaties，BITs）。例如，2003 ~ 2017 年，中国共与 25 个国家新签订或重新签订 BITs；其中，低风险国家、中间偏低风险国家以及中间风险国家各为 7 个；中间偏高与高风险国家，合计为 4 个而已。很显然，中国 BITs 签订对象锁定中低风险国家。这些新签订与重新签订的 BITs，更加强调投资自由与投资者保护。例如，中国企业在印度直接投资所产生的争议，直接移交投资争议国际中心（International Center for the Settlement of investment Dispute，ICSID）进行仲裁。中国希望借此防范移转风险与征用风险。特别是，中国政府还进一步扩大国民待遇的适用范围，几乎完全等同主要欧洲国家 BITs 的开放程度。在此基础上，中国相继与荷兰、瑞典、瑞士、法国、比利时、卢森堡、葡萄牙以及西班牙等国重新签订 BITs。换句话说，中国政府期盼透过 BITs，缓解低风险国家对其对外直接投资的干预力度（见表 7.1）。

表 7.1　中国应对海外直接投资政治风险的经济外交行动

项目类别	中间偏低	中间	中间偏高	高
对外援助（%）	13.2	61.5	15.9	5.1
双边投资协议（个）	7	7	2	2
2003 ~ 2017 年 OFDIPRI 平均（分）	23.8	29.9	11.6	2.0

说明：低表示：0 ≤ PRI < 1；中间偏低表示：1 ≤ PRI < 2；中间表示：2 ≤ PRI < 3；中间偏高表示：3 ≤ PRI < 4；高表示：4 ≤ PRI < 5；PRI= 政治风险指数。

资料来源：根据以下数据库的整理：世界经济论坛、全球竞争力报告（The global competitiveness report 2003–2017 年）、世界竞争力年度报告（World Competitiveness Yearbook 2003~2017，WCY）、世界治理指标（WGI）、经济自由度指数（IEF）、世界竞争力指标（IMD）、政治体制指标（Polity）、世界自由度指标（FH）。

世界银行强调，外援是国际公共产品相当重要的组成部分（Ferroni 和 Mody，2002）。特别是外援已跃升为当前最重要的研究课题之一。近几年来，影响力因素前 5 名的国际关系期刊，便有 4 个收录与外援相关的论文，其中排名第一的《国际组织》（*International Organization*），于 2015 年更接连 3 期刊登此一议题。换句话说，研究外援兼具理论与实务意义。

在实证研究上，之前大多数文献都聚焦分析外援国与国际贸易体系的相关性（Lacher 和 Germann，2012；Lawson，1983；O'Brien 和 Pigman，1992；Webb 和 Krasner，1989）。2008～2009 年全球金融危机以后，论证外援对对外直接投资政治风险作用的实证研究非常有限（Gilpin，1975；Oneal，1988）。

不仅如此，量化外援与跨国直接投资以及政治风险的实证文献也不多见。特别是这些文献的研究结果相当分歧。例如，部分学者证实，外援能促进跨国直接投资的扩张，且能达到统计显著水平（$p < 10\%$）（Asiedu 等，2009；Anyanwu，2012；Bandyopadhyay 等，2014；Garriga 和 Phillips，2014；Ihara 和 Iwahashi，2007）。不过，Selaya 和 Sunesen（2012）与 Donaubauer（2014）给出相反的结论——外援将排挤私人企业的跨国直接投资。至于 Kimura 和 Todo（2010）与 Kang 等（2011）则发现，欧美各国外援及其跨国直接投资，不具统计上的显著关系（$p > 10\%$）。很显然，关于此议题还有很大的研究空间。

中国的外援金额，从 1999 年的 5 亿美元，增加到 2014 年的 50 亿美元（中国国家统计局，2017）。而美国是世界第一大跨国直接投资国和对外援助国，特别是自欧洲复兴计划起，美国外援一直是国际政治经济关系最重要的支柱。1946～1991 年，美国每年平均对外输出 332 亿美元的外援。冷战结束以后，虽然一度衰退，但“9·11”事件后又持续升高。即使受到 2008 年金融危机的影响，美国外援逐渐减少，到 2014 年仅剩下 288 亿美元，但 2017 年仍然为 424 亿美元，一直高居世界之首。

因此，本章在分析中国外援在降低对外直接投资政治风险的机制时，将会引入美国的数据，进行中美两国的比较分析。

据此，本章利用结构方程式（structural equation modeling，SEM），验证中国外援对对外直接投资政治风险的影响。研究时间为 2003 ~ 2017 年，研究对象为 145 个国家。

7.1 理论和假设

在实证研究上，Asiedu 等（2009）利用动态面板数据模型（dynamic panel data model），检验以美国为首的多边外援机制——世界银行与 IMF，对 63 个受援国吸引对外直接投资的影响。结果显示：外援的回归系数显著为正值（$p < 1\%$），表示美国外援能提高世界各国跨国企业的投资意愿。Bearce 和 Tirone（2010）与 Garriga 和 Phillips（2014）的研究发现，支持上述学者的实证结果。换句话说，美国外援能有效促进全球跨国直接投资的转移。

美国的外援都是附加有条件的。例如，美国外援都会附带结构调整方案，包括恪守财政纪律、税制改革、利率与汇率市场化、贸易与跨国投资自由化、保障财产权、取消政府管制以及国营企业民营化（Williamson，1993）。同时，美国也会以受援国治理品质的改善幅度，作为受援施与额度的考核标准（Neumayer，2002；Savun 和 Tirone，2011）。

与此形成鲜明对照的是，中国一直奉行不干涉受援国内政的原则，中国的外援都是没有附加条件的，那么中国外援能够降低对外直接投资政治风险吗？这是本章要研究的问题。

Jacques（2009）、Halper（2010）、McKinnon（2010）以及 Nye（2010）相继表示，不附带政治改革的中国外援，更贴近受援国的实际需求，赢得广大发展中国家的好感。如表 7.2 所示，中国外援集中在经济发展、人力资本与医疗，比例高达98.8%；美国外援在此方面投入比例仅为59.0%。因为经济发展、人力资本与医疗的援助可改善受援国的教育水平、医疗品质以及交通建设，进而增加跨国企业的投资意愿（Brautigamk，2009；Campbell，2008；Fan等，2014；Yuan，2014）。这显示，中国外援可能具有促进跨国直接投资的效果。

表7.2 中美外援项目的比较（2010～2017年） 单位：亿美元；%

项目类别	中国		美国	
	金额	比例	金额	比例
人力资本与医疗	47.0	33.4	317	40.2
治理与民主	0.0	0.0	155	19.6
经济发展	93.0	65.4	148	18.8
人道援助	0.6	0.4	124	15.7
其他	1.1	0.8	45	5.7
合计	141.7	100	789	100

说明：美国外援项目，排除军事援助，包括防止大规模杀伤性武器扩散以及安全部门改革。

资料来源：整理自中国国务院新闻办公室（2017）、USAID（2011–2017）。

Gill和Reilly（2007）、Woods（2008）及Reilly（2013）证实，中国外援纯粹是为了自利考虑，旨在拓展出口市场、取得能源与原材料，显而易见，中国政府强调相对利得。但霸权稳定理论很难解释，为何英国、法国及德国等大国，相继加入中国发起的亚洲基础设施银行，共同参与“一带一路”投资计划。

可惜的是，聚焦中国外援的研究非常有限；同时，实证成果相当分歧。这表示中国外援、东道国政治风险以及跨国直接投资三者之间的关系，需要更多的实证研究予以厘清。据此，本章建立以下3个假设：

假设1：东道国接受中国外援的多少，与世界各国对该国的直接投资，没有显著关系。

假设2：东道国政治风险对中国外援该国，没有显著相关。

假设 3：中国外援对其企业跨国直接投资的促进效果，没有高于其他国家。

综上所述，国际投资体系急需外援国提供公共产品——降低跨国直接投资的政治风险。为此，本章将详细论证中美两国外援对对外直接投资政治风险的影响。在此基础上，本章建立 3 个研究假设，并试图进行检验。以下进一步说明研究方法。

7.1.1 研究方法

本章利用结构方程式（SEM），检验中美两国外援对跨国直接投资的影响。研究时间为 2003 ~ 2017 年，研究对象包括 145 个发展中国家与经济转型国家。本章使用的统计方法为：矩结构分析（analysis of moment structure，AMOS）。以下详细说明：资料分析方法、验证的变量、资料来源以及统计分析。

7.1.2 数据分析方法

本章采用的数据分析方法为结构方程式，理由有 3 个：

第一，结构方程式整合因素分析（factor analysis）与路径分析（path analysis），可同时处理多个高度相关的实证变量，并估计变量间因果关系（Kolenikov 等，2010）。因此，结构方程式广泛应用于管理学、经济学与社会科学领域（Kline，2010）。可惜的是，国内使用结构方程式的学者并不多见，SSCI 相关论文也很少，迄今不超过 30 篇。这表示采用结构方程式检验中国外援效果，从研究方法上来讲具有一定的新意。

第二，自 20 世纪 80 年代起，越来越多的研究学者已高度关注东道国政治风险对跨国投资的影响。截至 2017 年底，探讨两者因果关系的实证研究已达 103 篇 SSCI 论文。这显示，研究这一议题具有学术价值。其中，少数学者开始探讨外援对东道国直接投资政治风险的影响，并且陆续发表在顶级刊物上。换句话说，实证研究外援、东道国政治风险以及跨国直接投资三者之间的关系，已经成为研究的前沿。

但问题是，上述先行的研究都采用一般面板数据模型，该模型仅允许一个被解释变量——通常设为对外直接投资，因此，研究学者只能将外援与东道国政治风险同时视为解释变量，无法检验两者间的因果关系，也无法量化外援的中间效应，即通过外援，改善受援国的政治风险，促进跨国直接投资的国际资本流动结果。换句话说，本章采用的结构方程式，可以克服一般面板数据模型的限制。

第三，外援、政治风险以及跨国直接投资，都属于国家层面的资料。其中，政治风险为国内层面，外援与跨国直接投资为国外层面。换句话说，3 个资料为同一层面，而非两个不同层面——国家与国际层面，不致产生区群谬误（Ecological fallacy）问题（Kamer，1981）。因此，无须采用多层次结构方程式（multilevel structural equation modeling，MSEM）。此外，张传贤、黄纪（2011）指出，结构方程式结合面板数据（panel data）——如同本章的数据形态，可以大幅提升模型的因果关系检验效果。这表示，本章采取的结构方程式，是一个合适的模型选择。

在研究步骤上，本章分两阶段进行。首先，本章通过验证性因素分析（confimatory factor analysis，CFA），修正之前构建的政治风险指数（Political RiskIndex，PRI）。估计方程式为：

$$PRI_{it} = \alpha_1 VA_{it} + \alpha_2 PV_{it} + \alpha_3 GE_{it} + \alpha_4 RQ_{it} + \alpha_5 CC_{it} + \alpha_6 PR_{it} + \alpha_7 INV_{it} + \alpha_8 FIN_{it} + \epsilon_{it} \quad (7.1)$$

式（7.1）中，下标 i 和 t 分别为国家与时间（年）。α_1 - α_8 为各测量变量的权重（factor loading）。VA 为言论自由与政府责任（voice and accountability），PV 为政治稳定与反暴力（political stability and absence of violence），GE 为政府效能（government effectiveness），RQ 为法规行政品

质（regulatory quality）、*CC* 为腐败控制程度（control of corruption），*PR* 为财产权保障（property rights），*INV* 为投资自由度（investment freedom），*FIN* 为金融自由度（financial freeom），ϵ 为随机误差项。

需要说明的是，各变量的取值范围不相同，其中，*VA*、*PV*、*GE*、*GQ* 及 *CC* 的资料来源为：世纪银行的世界治理指标（worldwide government indicators，WGI），WGI 的数值介于 –3.4 ~ 1.6。*PR*、*INV* 则取自传统基金会的经济自由度（Index of Economic Freedom，IEF），尺度为 0 ~ 100 分。因此，在计算 PRI 之前，必须统一各测量变量的统计口径。调整公式为：

$$NWGI_{it} = 5 - (WGI_{itj} + 3.4)$$

$$NIEF_{it} = 5 - \left(\frac{IEF_{itj}}{20}\right) \quad (7.2)$$

式（7.2）中，*NWGI* 为调整后的 *WGI* 各项指标（*j*），即原序列加上 3.4 分，使其位移到 0 ~ 5 分。*NIEF* 则为调整后的 *IEF* 各项指标，即原序列除以 20，使其削减到 0 ~ 5 分。此外，由于 *WGI* 与 *IEF* 的数值越大表示政治风险越低，不利后续解释。因此，本章进行反转（5–*WGI*，5–*IEF*）。

本章利用路径分析和前述 3 个假设构建实证模型。其中，东道国政治风险（*PRI*）对中国的各国直接投资（*COFDI*）、美国的各国直接投资（*UOFDI*），以及其他国家的各国直接投资（*ROFDI*）的影响，目的在于检验假设 1。美国的各国外援（*UODA*）对 *ROFDI* 的影响，用以检验假设 2。东道国政治风险（*PRI*）对 *UODA* 的影响，用以检验假设 3。

中国的各国外援（*CODA*）对中美以外其他国家的各国直接投资（*ROFDI*）的影响，可以检验假设 1。东道国政治风险（*PRI*）对 *CODA* 的影响，目的在于检验假设 2。最后，本章比较 *CODA* 对中国的各国直接投资（*COFDI*）与 *ROFDI* 的影响，用以检验假设 3。以方程式表示：

$$UODA_{it-2} = \beta_1 PRI_{it-3} + \mu_{1it}$$

$$CODA_{it-2} = \beta_2 PRI_{it-3} + \mu_{2it}$$

$$UOFDI_{it-1} = \beta_3 PRI_{it-3} + \beta_4 UODA_{it-2} + \beta_5 CODA_{it-2} + \mu_{3it}$$
$$COFDI_{it-1} = \beta_6 PRI_{it-3} + \beta_7 UODA_{it-2} + \beta_8 CODA_{it-2} + \mu_{4it}$$
$$ROFDI_{it} = \beta_9 PRI_{it-3} + \beta_{10} UODA_{it-2} + \beta_{11} CODA_{it-2} + \beta_{12} UOFDI_{it-1} + \beta_{13} COFDI_{it-1} + \mu_{5it} \quad (7.3)$$

式（7.3）中，β_j（j=1，2，…，13）为各变量的回归系数，μ_{kit}（k=1，2，3，4，5）为各估计式的随机误差项，并符合无序列自我相关，且没有异质变异的假设。同时，参考 Abiad 等（2007）的建议，本章让解释变量的期数，比被解释变量先行一期，避免内生性问题，以及加强因果关系的时序性。以下进一步说明各变量与资料来源。

7.2　变量与数据来源

本章的测量时间为 2003 ~ 2017 年。时间起自 2003 年，是因为进入 21 世纪以来，中国对外直接投资越来越受到研究者的关注。

研究对象包括 145 个发展中国家与转型经济国家。选取标准有两个，第一，如前所述，发展中国家存在高度的政治风险，阻碍跨国直接投资的跨国流动，为此，本章根据 UNCTAD、OECD 及世界银行的定义，筛选出 117 个发展中国家。第二，部分的转型经济体，虽然已经列入发达国家的行列，但其政治风险始终居高不下（WEF，2015）。因此，本章将 28 个独联体（Commonwealth of Independent States，CIS）会员国与转型经济体，也都纳入考虑。

本章同时比较了 145 个国家（全样本）与排除 28 个 CIS 转型经济体（所建样本）的实证结果。检验结果显示：即使排除这 28 个国家，所有回归系数的方向也不会改变。这表示，本章的实证结果具有稳定性。但进一步比较两个样本的解释能力，本章发现，削减样本的回归标准误差，平均为 0.326，较全样本扩大 0.107，解释能力稍有减弱，但方向结果没变。此外，值得一提的是，2016 年 4 月，CIS 会员国的亚美尼亚与阿塞拜疆爆发武装冲突，这显示，CIS 与转型经济体是中高政治风险国家。换句话说，本章加入 28 个 CIS 与转型经济体，具有学术与实务的必要性。

7.3 研究样本

本章旨在检验与比较中美两国外援作为国际投资公共产品的效用——降低跨国直接投资政治风险。因此，研究样本以中高风险国家为主，包括 117 个发展中国家与 28 个转型经济体，共计 145 个国家。以下详尽说明本章选定样本的标准。

如前所述，大多数的发展中国家，都具有跨国直接投资政治风险。但问题是，各国际组织对于发展中国家的定义不一，增加样本筛选上的困扰。例如，世界银行的定义为：每人平均国民收入（gross national income，GNI）低于 3895 美元（World Bank，2017）。UNCTAD（2017）则依据地理区位，将发展中国家定义为非洲各国、中南美洲与加勒比海地区、亚太地区（排除日本、澳洲与新西兰）。OECD（2017）在地理区位的基础上，再加上 1960 年迄今曾经接受过外援的国家。很显然，本章必须整合上述国际组织的定义，以利后续研究的进行。

对此，本章依循 UNCTAD（2017）和 OECD（2017）的定义，以地理区位为基准，排除部分转型经济体与遗漏值后①，初步选定 133 个发展中国家。然后再依据世界银行对高所得国家的定义——每人平均国民总收入（GNI）在 12056 美元以上，剔除 16 个国家②。因为这些国家的政治风险相对偏低，例如，根据多个机构的评比，新加坡都是治理品质名列前茅的国

① 遗漏值包括古巴、瑙鲁及图瓦卢。UNCTAD（2015）没有统计 2000 ~ 2015 年上述国家的跨国直接投资。

② 相关高收入国家包括：安提瓜和巴布达、巴哈马、巴林、巴巴多斯、文莱、塞浦路斯、以色列、韩国、科威特、阿曼、卡塔尔、沙特阿拉伯、新加坡、圣基茨和尼维斯、特立尼达和多巴哥以及阿联酋。

家（World Bank；Heritage Foundation）。据此，本章共筛选出 117 个发展中国家。

其次是转型经济体。就国际投资政治风险而言，这些国家有其特殊性。例如，根据世界银行的定义，2017 年，俄罗斯的 GNI 为 9232 美元，属于发达国家（World Bank）；但是经过本章的测算，2017 年，俄罗斯的跨国直接投资政治风险为 2.71 分，属于中高风险国家。因此，UNCTAD（2017）在编制《国际投资报告》时，特别将 17 个相关国家独立出来。

但可惜的是，UNCTAD（2017）没有说明转型经济体的挑选标准。例如，根据本章的测算，转型经济体中的保加利亚、克罗地亚及罗马尼亚，其 2017 年跨国直接投资政治风险分别为 2.31 分、2.09 分与 2.24 分，皆属于中高风险国家。但上述 3 个国家都不在 UNCTAD（2017）的转型国家名单之列。因此，本章将曾为社会主义体制的转型国家都纳入考虑，共计 28 国。下面将本章的研究样本汇总于表 7.3。需说明的是，尽管资料收集过程相当费时，但本章希望借此尽可能地提高样本的覆盖比例，以便实证结果更加贴近国际现实。

表 7.4 为各实证变量的定义与数据来源。需说明的是，中国迄今尚未完整公布详细的外援对象与金额。不过，2011 年和 2017 年《中国的对外援助》披露，成套项目——对外承包工程为外援最大宗项目，比例高达 58.6%。世界银行也以此衡量中国对外援助（Zafar，2007）。如图 7.1 所示，中国对外承包工程金额从 2002 年的 112 亿美元上升到 2017 年的 1686 亿美元，其与中国大陆对外援助的相关系数高达 0.99。这表明以对外援助工程完成营业额作为中国外援的替代变量具有代表性。

表 7.3 研究样本国家

地区	国家
非洲地区	埃及、苏丹、利比亚、突尼斯、阿尔及利亚、摩洛哥、埃塞俄比亚、厄立特里亚、索马里、吉布提、肯尼亚、坦桑尼亚、乌干达、卢旺达、布隆迪、塞舌尔、毛里塔尼亚、塞内加尔、冈比亚、马里、布基纳法索、几内亚、几内亚比绍、佛得角、塞拉利昂、利比里亚、科特迪瓦、加纳、多哥、贝宁、尼日尔、尼日利亚、乍得、中非、喀麦隆、赤道几内亚、加蓬、刚果（布）、刚果（金）、圣多美和普林西比、赞比亚、安哥拉、津巴布韦、马拉维、莫桑比克、博茨瓦纳、纳米比亚、南非、斯威士兰、莱索托、马达加斯加、科摩罗、毛里求斯，共计 53 国
美洲地区	阿根廷、伯利兹、玻利维亚、巴西、智利、哥伦比亚、哥斯达黎加、多米尼克、多米尼加、厄瓜多尔、萨尔瓦多、格林纳达、危地马拉、圭亚那、海地、洪都拉斯、牙买加、墨西哥、尼加拉瓜、巴拿马、巴拉圭、秘鲁、圣卢西亚、圣文森特和格林纳丁斯、苏里南、乌拉圭、委内瑞拉，共计 27 国
亚洲地区	阿富汗、孟加拉国、不丹、柬埔寨、斐济、印度、印度尼西亚、伊朗、伊拉克、约旦、基里巴斯、朝鲜、老挝、黎巴嫩、马来西亚、马尔代夫、马绍尔群岛、密克罗尼西亚、蒙古国、缅甸、尼泊尔、巴勒斯坦、巴基斯坦、帕劳、巴布亚新几内亚、菲律宾、萨摩亚、所罗门群岛、斯里兰卡、叙利亚、泰国、东帝汶、东加、土耳其、瓦努阿图、越南、也门，共计 37 国
转型国家	阿尔巴尼亚 *、亚美尼亚 *、阿塞拜疆 *、白俄罗斯 *、波黑 *、保加利亚、克罗地亚、捷克、爱沙尼亚、格鲁吉亚 *、匈牙利、哈萨克 *、吉尔吉斯 *、拉脱维亚、立陶宛、马其顿 *、摩尔多瓦 *、蒙特内格罗 *、波兰、罗马尼亚、俄罗斯 *、塞尔维亚 *、斯洛伐克、斯洛维尼亚、塔吉克 *、土库曼斯坦 *、乌克兰 *、乌兹别克斯坦 *，共计 28 国

说明：

1.* 表示 UNCTAD 定义的转型国家，共计 17 国。

资料来源：本书自行整理。

表 7.4 变量的定义与数据来源

类别 \ 项目	定义	数据来源
PRI	为 VA、PV、GE、RQ、CC、PR、INV 及 FIN 8 个变量的加权算数平均，权重为验证性因素分析的标准化因素负荷量（0~5 分）	World Bank（2017），Heritage Foundation
UODA	每年美国对各国的实际援助金额（亿美元）	OECD（2017）
CODA	每年中国对各发展中国家的承包工程完成营业额（亿美元）	中国国家统计局（2017）
UOFDI	每年美国对各国的直接投资（亿美元）	USBEA（2017）
COFDI	每年中国对各国的直接投资（亿美元）	中国商务部（2017）

续表

类别 \ 项目	定义	数据来源
ROFDI	每年东道国吸引到的各国直接投资减去中美两国对该国的直接投资（亿美元）	UNCTAD（2017）

说明：

1. 括号内数字表示单位。

2.VA= 言论自由与政府责任；PV= 政治稳定与反暴力；GE= 政府效能；RQ= 法规执行质量；CC= 肃贪程度；PR= 财产权保障；INV= 投资自由度；FIN= 金融自由度。

资料来源：根据以下资料整理：World Bank（2017）、Heritage Foundation、OECD（2017）、中国国家统计局（2017）、USBEA（2017）、中国商务部（2017）、UNCTAD（2017）。

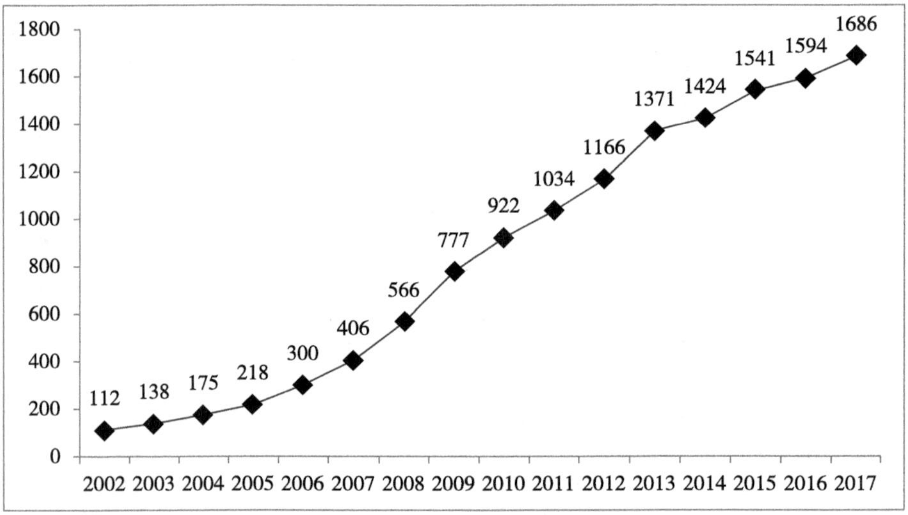

图 7.1　对外承包工程完成营业额（2002～2017 年）单位：亿美元

资料来源：中国国家统计局历年统计公报。

其次，跨国直接投资的替代变量大致分为两类：流量和存量。由于存量为历年累计，遗漏值较多。此外，存量会受到前一期资料的影响，产生严重的残差序列自我相关问题（Aisbett，2009）。据此，本章采取的是流量——每年的实际投资金额。

再次，Shambaugh（2013）指出，中国外援不符合经济合作发展组织（OECD）的规定，尤其是外援与跨国直接投资明显重叠。这会造成虚假相关的问题，导致模型估计不正确（邱皓政，2011）。

但 Shambaugh（2013）的论点存在 3 项争议：一是定义。根据中国国家统计局（2015）的定义，对外承包工程是指：承包境外建设工程项目的活动。跨国直接投资则为：拥有或控制境外企业的经营管理权为核心的经济活动。二是统计分类。根据 IMF（1993）的规定，对外承包工程属于国际收支平衡表中的经常项目——商品与劳务的进出口；跨国直接投资则为资本项目。三是资金来源。中国国务院办公室（2011）指出，外援由国家财政支出，即由中国政府指定中国进出口银行对外提供。而对外投资的资金来源为：企业自有资金、发行公司债券以及释出的股权，或向银行申请海外投资专项贷款（戴春宁，2009）。据此，世界银行负责外援的经济学家 Brautigam（2011）强调，中国外援与 OECD 国家的差异，仅在于透明度而已。这表示，中国外援——对外承包工程与跨国直接投资，分别属于两笔不同的统计数据。

数据处理与叙述统计分析：

因为高政治风险国家的信息不透明，所以采用完全无遗漏值的样本，容易发生选择偏误，即仅存的研究对象，都为治理质量较佳的发展中国家与转型经济体，样本内差异不大，很难达到统计显著关系（Todaro 和 Smith，2012）。如表 7.5 所示，本研究样本遗漏值占总样本数的比例，平均为 8.6%。对此，在进行实证分析之前，必须插补各变量的遗漏值。

本章分为 4 种处理方式。第一，由于数据收录时间不一，造成部分国家缺乏早期数据。例如，不丹的投资自由度（INV）是从 2009 年才开始统计。对此，本章参考传统基金会（Heritage Foundation，2015）的方法，以起始年的数据，插补先前的遗漏值。

第二，WGI 与 IEF 完全没有统计少数国家的治理质量与自由化程度。例如，2000 ~ 2013 年，阿富汗的财产权保障（PR）都为遗漏值。对此，本章根据 Guo 等（2014）的建议，以最高风险等级 5 分替代，表示这些国家的信息非常不透明，极大化投资的不确定性。

第三，关于数据中断的问题。例如，WGI 于 1996 ~ 2002 年都为两年公布一次，此后才改为逐年公布。对此，本章依 Chinn 和 Frankel（2008）的方式——采用点上的线性趋势法（linear trend at points）予以填补。

第四，跨国直接投资遗漏值大多为金额过低，而未揭露。例如，美国经济分析局（Bureau of Economic Analysis，BEA）规定，不发布介于正负 50 万美元的对外直接投资（USBEA，2015）。因此，本章参考 Hallward-Driemeier（2009）和 Aisbett（2009）的方法——将其编码为 0。下面将插补后的实证变量基本统计量，汇总整理于表 7.5。

表 7.5　插补后的实证变量基本统计量

项目类别	遗漏值比例	平均数	标准差	常态分配检验
其他国家对各国的直接投资（ROFDI）	9.5%	19.194	55.913	3.505x 10^5 ***
美国对各国的直接投资（UOFDI）	9.5%	1.941	9.468	4.604x 10^5 ***
中国对各国的直接投资（COFDI）	6.1%	0.364	1.727	9.788x 10^6 ***
美国对各国的外援（UODA）	0.3%	4.360	9.591	1.361x 10^6 ***
中国对各国的外援（CODA）	3.0%	2.753	7.495	9.514x 10^5 ***
政治风险指数（PRI）				
言论自由与政府责任（VA）	7.1%	1.934	0.863	63.077***
政治稳定与反暴力（PV）	7.9%	1.992	0.977	91.082***
政府效能（GE）	7.7%	2.081	0.708	2.300
法规执行质量（RQ）	7.7%	2.049	0.789	10.522**
贪腐控制程度（CC）	7.6%	2.080	0.653	104.457***
财产权保障（PR）	15.0%	3.389	19.535	15.724***
投资自由度（INV）	14.9%	2.981	23.421	73.051***
金融自由度（FIN）	15.0%	3.029	22.458	60.670***

说明：

1. 观察值为 2030 笔。

2. *** 表示在 $\alpha=1\%$ 的显著水平下，以双尾检验拒绝虚无假设。

资料来源：根据以下资料整理：World Bank（2017）、Heritage Foundation、OECD（2017）、中国国家统计局（2017）、USBEA（2017）、中国商务部（2017）、UNCTAD（2017）。

此外，根据表 7.5 可知，只有政府效能（GE）无法拒绝序列符合常态分布的虚无假设（Jarque 和 Bera，1980）。对此，本章进行自然对数转换缩小样本间分布差距，增进估计效率（Neumaver 和 Spess，2009）。但是，跨国直接投资因为撤资或归还借款，可能存在 0 或负值（UNCTAD，2001），无法进行对数转换。据此，本章设定调整公式如下：

$$NOFDI_{it} = \begin{cases} \log\left(OFDI_{it}\right), & \text{if amount} > 0 \\ 0, & \text{if amount} = 0 \\ -\left(\log\left|OFDI_{it}\right|\right) & \text{if amount} < 0 \end{cases} \tag{7.4}$$

式（7.4）中，$NOFDI$ 为调整后的 $OFDI$。若金额大于 0，则进行对数转换。若金额等于 0，则直接编码为 0。若金额小于 0，则先取绝对值，再进行对数转换，最后加上负号。

综上所述，本章利用结构方程式，检验 2003 ~ 2017 年中美两国外援对对外直接投资政治风险的影响。尽管数据收集过程相当费时，但本章尽可能地提高样本数，总观察值高达 4060 笔（中美两国 ×145 个东道国 ×14 年），希望实证结果更贴近事实。以下进一步分析实证的结果。

7.4　中国外援模型的构建

本章利用结构方程式，构建中国外援模型。为确保模型稳健性，本章依序检验：回归分析的基本检验、结构方程式内在与外在品质的评估。以下详细说明。

表 7.6　单根检测

序号	项目类别	LLC	IPS
1	中美以外其他国家对各国的直接投资（LRNOFDI）	−32.913***	−7.521***
2	美国对各国的直接投资（LUNOFDI）	−31.962***	−18.728***
3	中国对各国的直接投资（LCNOFDI）	30.267***	12.074***
4	美国对各国的外援（LUODA）	−8.150***	−5.371***
5	中国对各国的外援（LCODA）	−24.637***	−12.538***

续表

序号	项目类别	LLC	IPS
	东道国政治风险（PRI）		
6	言论自由与政府课责度（LVA）	−11.496***	−3.384***
7	政治稳定与反暴力程度（LPV）	−9.701***	−5.256***
8	政府效能（LGE）	−9.020***	−4.541***
9	法规执行质量（LRQ）	−6.990***	−5.969***
10	政府清廉度（LCC）	−8.685***	−7.609***
11	财产权保障度（LPR）	−9.376***	−2.580***
12	投资自由度（LINV）	−1.938**	−3.066***
13	金融自由度（LFIN）	−8.867***	−14.956***

说明：1.***、** 分别表示在 α =1%、5% 的显著水平下，以双尾检验拒绝虚无假设。

2. 检验型态为包含常数项但无趋势项，最适落后期数依据 Schwarz（1978）信息准则。

3.L= 取自然对数。

资料来源：根据以下资料整理：World Bank（2017）、Heritage Foundation、OECD（2017）、中国国家统计局（2017）、USBEA（2017）、中国商务部（2017）、UNCTAD（2017）。

7.4.1 回归分析的基本检验

先行研究使用结构方程式实证面板数据时，通常忽略检验该变量是否为定态（stationary）序列。这很可能发生假性回归，即将彼此无关联的变量，错误解读为具有因果关系（Granger 和 Newbold，1974）。对此，本章根据 Levin、Lin 和 Chu（LLC）与 Im、Pesaran 和 Shin（IPS）提出的单根检验（unit root test）进行检测。如表 7.6 所示，所有变量的水平值，皆显著拒绝序列存在单根现象的虚无假设（Levin 等，2002；Im 等，2003）。这表示，本章选取的实证变量均为定态序列。

表 7.7　Granger 因果关系检验

序号	项目类别	Granger 因果关系检验	共整合检验
1	LPRILUODA	5.091***	613.4***
2	LPRILCODA	2.007**	593.2***

续表

序号	项目类别	Granger 因果关系检验	共整合检验
3	LPRILUNOFDI	15.772***	667.9***
4	LPRILCNOFDI	0.510	500.2***
5	LPRILRNOFDI	2.841*	715.0***
6	LUODALUNOFDI	12.398*	661.6***
7	LUODALCNOFDI	13.168***	515.0***
8	LUODALRNOFDI	2.923*	654.4***
9	LCODALUNOFDI	4.544**	727.0***
10	LCODALCNOFDI	74.637***	521.1***
11	LCODALRNOFDI	3.587**	637.9***
12	LUNOFDILRNOFDI	4.435**	978.7***
13	LCNOFDILRNOFDI	9.095***	569.2***

说明：

1.Granger 因果关系检验为 F 统计量；共整合检验为卡方统计量。

2.LPRI 与 LUODA 为例，虚无假设为：东道国政治风险并非导致美国外援（LPRI–LUODA）。

3.LRNOFDI= 中美以外其他国家对各国的直接投资。LUNOFDI= 美国对各国的直接投资。LCNOFDI= 中国对各国的直接投资。UODA= 美国对各国的外援。CODA= 中国对各国的外援。PRI= 东道国政治风险。L= 取自然对数。

4.***、**、* 分别表示在 $\alpha = 1\%$、5%、10% 的显著水平下，以双尾检验拒绝虚无假设。

资料来源：根据以下资料整理：World Bank（2017）、Heritage Foundation、OECD（2017）、中国国家统计局（2017）、USBEA（2017）、中国商务部（2017）、UNCTAD（2017）。

此外，结构方程式必基于理论或经验法则（邱皓政，2011）。为此，本章分两步骤巩固假设模型的因果关系。一是如前所述，首先根据中美两国实际案例，建立 3 项研究假设。二是再以 Granger 因果关系检验（Granger causality test），检验中美两国外援模型的合理性。根据表 7.7 可知，绝大多数的变量都具有 Granger 因果关系（Granger，1969），只有 LPRI 与 LCNOFDI 的 F 统计量为 0.510，未达统计显著水平（$p > 10\%$）。但值得注意的是，Engle 和 Granger（1987）与 Miller（1991）强调，若两两变量间具有共同趋势，将可能无法探查出彼此间的 Granger 因果关系。对此，本章再进行共整合成检验（cointegration test）。结果显示，各变量间均存在明显且稳定的共同关系（Pedroni，2004）。换句话说，本章构建的中美两国外援模型，兼具理论与实证的支持——各变量间确实存在因果关系，可进行后续的结构方程式实证分析。

表 7.8 则说明回归分析的其他相关检验。第一，临界样本数（Critical N，CN）大于 250 的门槛，表示样本数足以进行结构方程式分析（Hoyle，1995）。第二，多变量峰度系数（multivariate kurtosis coefficient，MKC）为 110.663，低于 195 的临界值（p× ［p+2］，p 为实证变量的数目），也即可采用最大概似估计法（Mardia 和 Foster，1983）。第三，变异数膨胀因子（variance inflation factor，VIF）平均值为 1.339，低于 10 的临界值，显示不存在严重的共线性问题（Fox 和 Monette，1992）。

表 7.8　回归分析的其他相关检验

项目类别	统计量	配适标准	检验
临界样本数（CN）	1401	CN ＞ 250	佳
变异数膨胀因子（VIF）	1.339	VIF ＜ I0	佳
多变量峰度系数（MKC）	110.663	MKC ＞ 195	佳

资料来源：根据以下资料整理：World Bank（2017）、Heritage Foundation、OECD（2017）、中国国家统计局（2017）、USBEA（2017）、中国商务部（2017）、UNCTAD（2017）。

7.4.2　结构方程式内在质量的评估

表 7.9 为结构方程式内在质量的评估，即验证性因素分析的检验结果。首先，Kaiser-Meyer-Olkin（KMO）取样适切性统计量为 0.851，且 Bartlett 球形检验也达统计显著水平（p ＜ 1%）。同时，各变量的非标准化因素负荷量均显著为正（p ＜ 1%），且标准化因素负荷量都在 0.4 以上。换句话说，本章选取的 8 个变量，非常适合进行因素分析（Bartlett，1951）；Kaiser，1974；Nunnally，1978）。其次，Cronbach's α 信度与组合信度（component reliability）均达到 0.8 以上。同时，平均变异数抽取量

（average variance extracted，AVE）——收敛效度（convergent validity）也高于 0.5 的标准。这显示，本章构建的政治风险指数（PRI）兼具信度与效度（Cronbach，1951；Bagozzi 和 Yi，1988；Fornell 和和 Larcker，1981）。

但问题是，WGI 的各项指标本身即为复合指数（combination index），且资料来源部分重叠（Langbein 和 Knack，2010），以致政府效能（LGE）的标准化因素负荷量超出 0.95 的上限。不过，所有变量的误差变异数皆显著为正（$p < 1\%$），且无过大的标准差（0.033 ~ 0.087）。这表示，本模型没有出现严重的违反估计的问题，即估计系数仍在可接受的范围（Byrne，2013）。

表 7.9　政治风险指数的验证性因素分析

项目类别	非标准化因素负荷量	误差变异数	标准化因素负荷量
政府效能（LGE）	1.745（0.074）***	0.011（0.002）***	0.967
法规执行质量（LRQ）	2.037（0.077）***	0.042（0.002）***	0.915
政府清廉度（LCC）	1.504（0.072）***	0.084（0.003）***	0.765
言论自由与政府课责度（LVA）	1.726（0.087）***	0.142（0.006）***	0.724
财产权保障度（LPR）	1.064（0.037）***	0.064（0.002）***	0.695
投资自由度（LINV）	1.000	0.145（0.005）***	0.516
金融自由度（LFIN）	0.956（0.033）***	0.140（0.005）***	0.506
政治稳定与反暴力程度（LPV）	1.244（0.082）***	0.265（0.009）***	0.485
KMO 取样适切性检验	0.851		
Bartlett 球形检验	10637.645***		
Cronbach's α 信度	0.889		
组合信度	0.889		
平均变异数抽取量	0.515		
观察值	1740		

说明：

1. 括号内数字为回归标准差。

2.*** 表示在 α =1% 的显著水平下，以双尾检验拒绝虚无假设。

3.L= 取自然对数。

资料来源：根据以下资料整理：World Bank（2017）、Heritage Foundation、OECD（2017）、中国国家统计局（2017）、USBEA（2017）、中国商务部（2017）、UNCTAD（2017）。

7.4.3 结构方程式外在质量的评估

表 7.10 为结构方程式外在质量的检验结果。在绝对适合度方面，卡方统计量为 42.120，达到 1% 的显著水平，表示模型适合度不佳。然而，卡方值容易受到样本数的影响（Rigdon，1995）。因此，Jöreskog 和 Sörbom（1993）认为，只要卡方自由度比值小于 3 即可（本章为 1.915）。

表 7.10 结构方程式整体适配度检验

项目类别	统计量	配适标准	检验
绝对适合度指标			
1. 卡方值（χ^2）	42.120***	p>0.05	差
2. 卡方自由度比值（NCI）	1.915	1<NCI<3	良
3. 适性配适指标（GFI）	0.996	GFI>0.90	佳
4. 调整后的良适性配适指标（AGFI）	0.985	AGFI>0.90	佳
5. 标准化残差均方根（SRMR）	0.012	SRMR<0.05	佳
6. 渐进差均方根（RMSEA）	0.023	RMSEA<0.05	佳
增值配适指标			
1. 标准配适指数（NFI）	0.997	NFI>0.90	佳
2. 相对配适指数（RFI）	0.988	RFJ>0.90	佳
3. 增值配适指数（IFI）	0.998	IFI>0.90	佳
4. 比较配适指数（CFI）	0.998	CFI>0.90	佳
5. 非规准配适指数（NNFI）	0.994	NNFI>0.90	佳
残差序列自我相关检验			
1. 被解释变量为 LRNOFDI	1.457	p>0.10	佳
2. 被解释变量为 LUNOFDI	0.046	p>0.10	佳
3. 被解释变量为 LCNOFDI	0.094	p>0.10	佳
4. 被解释变量为 LUODA	1.245	p>0.10	佳
5. 被解释变量为 LCODA	0.192	p>0.10	佳
交叉效度			

续表

项目类别	统计量	配适标准	检验
1. 因素负荷量	10.578	p>0.10	佳
2. 路径回归系数	14.327	p>0.10	佳
3. 路径分析误差	15.394	p>0.10	佳
4. 因素分析误差	82.322	p>0.10	佳

说明：

1.*** 表示在 α =1% 的显著水平下，以双尾检验拒绝虚无假设。

2. LRNOFDI= 中美以外其他国家对各国的直接投资。LUNOFDI= 美国对各国的直接投资。LCNOFDI= 中国对各国的直接投资。UODA= 美国对各国的外援。CODA= 中国对各国的外援。PRI= 东道国政治风险。L= 取自然对数，

资料来源：根据以下资料整理：World Bank（2017）、Heritage Foundation、OECD（2017）、中国国家统计局（2017）、USBEA（2017）、中国商务部（2017）、UNCTAD（2017）。

此外，良适性配适指标——相当于复回归中的判定系数（R^2）、调整后的良适性配适指标（Adjusted GFI，AGFI）皆符合 0.90 以上的标准（Browne 等，1993）。同时，标准化残差均方根（Standardized root mean square residual，SRMR）、渐进差均方根（Root mean square error of approximation，RMSEA）皆小于 0.05 的严格标准（Steiger，1990）。

在增值适配度（Incremental fit measures）方面，标准配适指数（Normal fit index，NFI）、相对配适指数（Relative fit index，RFI）、增值配适指数（Incremental fit index，IFI）、比较配适指数（Comparativefit index，CFI）以及非标准配适指数（Non-normal fit index，NNFI）皆大于 0.9 的标准（Hair 等，1998）。

需说明的是，本章旨在探究中美外援效果，而非追求模型的简洁性。因此，本章不针对精简适配度（parsimonious fit measures）进行检验。不过，本章增列两个检验：一是残差序列自我相关检验，即观察差分后的残差项是否存在二阶序列相关。结果显示：5 条路径回归都未达统计显著水平（p ＞ 10%），表示模型没有存在严重的序列自我相关问题（Arellano 和 Bond，1991）。

二是交叉效度（Cross-validation）检验步骤：先将样本随机分为两个群组，再进行多群组样本分析（Multi-sample analysis）。结果显示，因素负荷量、路径回归系数、路径分析误差以及因素分析误差的 p 皆大于 10%，表示本模型具有稳定性（Byrne，2013）。

综上所述，结构方程式的稳健性检验相当烦琐，但本章希望借此确保实证结果的可信度。所幸的是，上述各项统计检验的结果显示，本章构建的实证模型，并无发现重大的计量瑕疵。

7.5 实证结果分析

本章利用结构方程式，量化并比较中美两国外援成效。过程中本章进行多个稳健性检验（Robustness test）及各项统计检验，结果显示，本章构建的实证模型并无发现重大的计量瑕疵。据此，以下分析实证的结果，包括中国外援与跨国直接投资政治风险的关系以及中美外援效果的比较。

7.5.1 政治风险对跨国直接投资的影响

结果显示，LPRI 对 LRNOFDI 的回归系数（β_9）显著为负（$p < 1\%$），表示若东道国的政治风险越高，则中美以外的其他国家对该国的直接投资越少。此外，LPRI 对 LUNOFDI 的回归系数（β_3）也显著为负（$p < 1\%$）。特别是 β_3 明显低于 β_9，表示与其他国家相比，美国跨国企业更不愿意投资高政治风险国家。这也符合学术界的普遍认知（Globerman 和 Shapiro，2003；Al Nasser，2007；Floresand Aguilera，2007；邱奕宏，2013）。

特别值得一提的是，LPRI 对 LCNOFDI 的回归系数（β_6）也显著为负（$p < 1\%$），只不过 β_6 略高于 β_9，表示中国也相当在意政治风险，只是相对于美国与其他国家跨国企业，中国较愿意投资高政治风险国家。例如，中国启动“一带一路”投资计划，沿线 64 国都是政治风险偏高的国家，

但中国政府也表示，将密切监测这些国家的政治风险（中国出口信用保险公司，2015）。很显然，本章的实证结果与先行研究不同，其强调中国正在玩危险游戏（Moyo，2013；Shambaugh，2013；O'neill，2014）。

7.5.2 美国外援对跨国直接投资政治风险的影响

LUODA 对 LUNOFDI 的回归系数（β_4）、LCNOFDI 的回归系数（β_7）、LRNOFDI 的回归系数（β_{10}），皆显著为正（$p < 1\%$），表示若东道国接受美国外援多，则世界各国对该国的直接投资越多。换句话说，美国外援确实发挥国际公共产品的功能——促进跨国直接投资。

需说明的是，β_4 为 0.430，且达到 1% 的统计显著水平，表示美国外援有利于其企业海外直接投资。这与 Kimura 和 Todo（2010）与 Kang 等（2011）的研究发现不一致。究其原因，上述学者忽略美国海外私人投资公司（Overseas Private Investment Corporation，OPIC）的重要性。海外私人投资公司的目的，旨在引导美国企业到接受美国外援的国家投资（OPIC，2015）。尤其是，美国国际开发署（Agency for International Development，AID）与海外私人投资公司存在制度上的联结——AID 署长为海外私人投资公司的当然董事。

7.5.3 中国外援与跨国直接投资政治风险的关联

LCODA 对 LUNOFDI 的回归系数（β_5）、LCNOFDI 的回归系数（β_8）、LRNOFDI 的回归系數（β_{11}），皆显著为正（$p < 10\%$），实证结果拒绝假设 1——东道国接受中国外援的多少，与世界各国对该国的直接投资没有显著相关。但这印证 Selaya 和 Sunesen（2012）的研究发现，即经济基础建设的外援，能刺激跨国企业到此投资。换句话说，中国外援也是直接投资的公共产品。

此外，值得一提的是，LPRI 对 LCODA 的回归系数 β_2，显著为正

（$p < 1\%$）。实证结果拒绝假设 2——东道国政治风险的高低，对中国外援该国没有显著相关。究其原因，中国海外直接投资对象属于政治风险中间偏高的国家，因此中国政府借由外援，巩固双边政治友好关系，确保中国企业在当地的投资安全（Luo 等，2010；Wang 等，2012）。例如，前中国国务院总理温家宝，在全国援外工作会议上指明，外援的工作重点为“支持中国企业到受援国投资”（新华社，2010）。很显然，中国外援主要是自利的政治保险。

受此影响，β_8 为 0.554，相当于中国外援对其他国家 LRNOFDI 贡献率（β_{11}）的 7 倍之多，表示中国外援对其企业 LCNOFDI 的促进效果，显著高于其他国家；实证结果拒绝假设 3。但是，这充分体现中国的外援战略目标——保障并促进中国企业海外直接投资。

7.5.4 中美外援效果的比较

表 7.11 为比较中美两国外援促进跨国直接投资的弹性系数总效果。需说明的是，从总体效果来看，中国、美国单一国家和世界其他国家的跨国直接投资不具可比较性。因此，在研究设计之初，本章便将回归式的两边都取自然对数，使之成为双对数模型（log-log model），即表 7.10 中的数字为弹性系数，以利于后面的分析（Hill 等，2012）。

表 7.11 中美两国外援对跨国直接投资的弹性系数总效果

项目类别	美国外援	中国外援
其他国家跨国直接投资	0.517	0.121
美国跨国直接投资	0.430	0.124
中国跨国直接投资	0.271	0.554

说明：

1. 美国外援对其他国家跨国直接投资的弹性系数总效果为：$\beta_{10} + \beta_4 X \beta_{12} + \beta_7 X \beta_{13}$。其余弹性系数总效果的计算公式，依此类推。

2. 本章将回归式的两边都取自然对数，使之成为 log-log 模型，因此估计表中数字为：变量间的弹性系数。

资料来源：根据以下资料整理：World Bank（2017）、Heritage Foundation、OECD（2017）、中国国家统计局（2017）、USBEA（2017）、中国商务部（2017）、UNCTAD（2017）。

例如，中国外援促进其他国家跨国直接投资的弹性系数总效果为0.121，表示中国对特定受援国的外援每增加1个百分点，则世界各国对该受援国的直接投资将相应增加0.121个百分点。很显然，中国外援发挥一定程度的外资促进效果；这是Kennedy（2015）忽略之处。

但值得注意的是，中国外援旨在为中国企业“走出去”铺路；而美国外援的商业动机较薄弱，这也限制中国外援的成效——作为国际直接投资的公共产品。例如，本章的实证结果证实，美国外援促进其他国家跨国直接投资的弹性系数总效果为0.517，是中国外援（0.121）的4倍之多。此外，中国外援效果低于美国外援的另一个重要因素为：政治风险是跨国直接投资的主要障碍，而中国外援排除受援国的政治改革，因此其成效不如美国外援。

综上所述，政治风险确实阻碍跨国直接投资，而中美两国外援则适时发挥国际投资公共产品的功能——降低跨国直接投资政治风险；而且中、美双方都在搭对方外援的便车，差别在于：排除政治改革的中国外援，其促进其他国家跨国直接投资的效果，明显不及美国外援。此外，中美两国提供国际公共产品，都不是秉持纯粹的利他主义。中国外援是为其企业海外投资布局，而美国则侧重国家安全与全球战略布局。

7.6 本章结论

本章检验比较中、美两国外援对跨国直接投资政治风险的影响。研究方法为结构方程式，研究对象则包括2003~2017年、145个发展中国家与转型经济体。本章尽可能提高研究样本数（4060笔观察值），并进行多个稳健性检验，以期让实证结果更贴近国际实际。

本章的研究发现有五：第一，政治风险阻碍跨国直接投资，中国也不例外。这证实新古典贸易理论预测失准——跨国直接投资逆向流动的原因，并补充国际生产折衷理论（Eclectic theory of international production）的内涵，即跨国企业海外直接投资的动机，除降低成本、获取资源、扩展市场，以及寻求战略资产外（Dunning，2009），还需加入政治风险。换句话说，国际投资体系急需援助国提供国际公共产品，降低跨国直接投资政治风险。

第二，中国外援能改善受援国的经济基础建设，吸引跨国企业到此投资。这说明不仅中国和美国一样，都具备提供国际公共产品的能力，同时，只要中国外援恪守市场经济规范，且不伤害受援国的治理质量，则其外援仍有益于跨国直接投资。

但值得注意的是，本章也不应高估中国外援成效。纯粹经济导向的外援模式，虽赢得多数发展中国家的好感（Jacques，2009；Halper，2010；McKinnon，2010；Nye，2010），但却没有直接消除政治风险，以致中国外援促进跨国直接投资的成效仅为美国外援的一半而已。

第三，中国外援旨在为其企业“走出去”铺路。实证结果显示：中国外援对其企业海外直接投资的贡献率，是对其他国家的 7 倍之多。相对而言，美国难以通过外援引导其企业到受援国投资。但总体而言，美国外援对其他国家跨国直接投资的贡献仍较大。至于自利动机过于强烈，对中国外援反而烙下负面印象。例如，Pew 研究中心（Pew Research Center，2015）调查显示：在 18 个发展中国家中，共有 14 个国家对美国的好感度上升，比中国多出 4 个国家。受访国对美国好感度增加幅度平均为 14.3%，较中国高出 12.4 个百分点。

需进一步说明的是，美国外援也不是完全出自仁慈动机，只不过相较于商业利益而言，美国更重视国家安全与全球战略布局。例如，美国前国务卿赖斯（2000）表示，借由外援将美国价值融入受援国，大幅降低发展中国家的反美情绪。Nye（2003）也强调，美国需透过外援，抢占非传统安全领域的主导权。很显然，中、美两国提供国际公共产品的动机皆有其自利考虑，这支持 Gilpin（1987）与 Haggard 和 Simmons（1987）的主张，而拒绝 Kindleberger（1981）与 Snidal（1985）的论点。

第四，中国企业受惠于自身的外援程度，是美国外援对中国企业贡献的两倍。需说明的是，中国外援旨在巩固与受援国的双边友好关系，保障中国企业的海外投资安全；但倘若东道国政治风险骤升，则中国企业将遭受巨大冲击。例如，2011 年利比亚爆发武装冲突，中国企业因此损失 188 亿美元（人民日报，2011）。

第五，本章也说明为何中国急切地提供国际公共产品的原因。实证结果显示，美国外援对中国企业跨国直接投资的贡献较低，只是美国外援对其他国家跨国企业贡献的一半而已。因此，中国需要为其企业的海外直接投资搭桥，以避免政治风险。

8　政策建议

中国政府在引导企业“走出去”时，应该科学引导这些企业，使它们充分认识到在对外投资中客观存在各类风险，建立对外直接投资政治风险的评估体系，营造一个更稳定、更好的投资环境，为企业进行直接投资保驾护航。同时，企业在对外直接投资时，应该在科学评估投资风险的基础上，选择合理的投资方式，达到有效规避风险的目的。

8.1 政府层面

8.1.1 通过政府间合作来降低政治风险

第一，中国与大多数东道国普遍建立了较好的政治关系，这有助于企业规避政府风险。第二，中国政府应积极建立合作交流机构，有效沟通，及时了解情况，解决问题。第三，按照合作共赢的原则，加大力度实施“一带一路”倡议，让沿线国家充分意识到“一带一路”倡议的好处，全面调动沿线各国参与该倡议的积极性，营造“一带一路”合作共赢的理念，为企业顺利“走出去”奠定良好的基础。

中国政府应该重视与东道国的友好往来，双方建立良好的政治关系，从而减少政治风险对中国企业对外投资的不利影响。比如，俄罗斯属于较高政治风险的国家，但是中国政府与俄罗斯联邦政府构建了良好的关系，从而降低了中国企业在俄罗斯投资的政治风险。学术界普遍认为，双边关系越好，越有利于规避政治风险。另外，很多具有丰富资源的国家也存在此种情况。

8.1.2 积极签订双边或多边投资保护协定

双边投资协定是两国政府就投资领域相互讨价、让利协商的过程。双方的投资协定通常会明确说明企业方面所面临的政治风险。通过这些明确的规定，能够显著减少政治不确定性因素对企业的影响，减少政治风险对企业对外投资的不利因素。两国如果已经达成了投资协定，一般认为是不会再发生改变。如有需要重新修改协定或协商，往往需要付出较大的交易成本。所以，当双方签订投资协定后，即意味着未来一定时间内双方会保持较为稳定的关系，这对于海外投资的企业而言就是一个保障。资源型行业由于本行业的特殊性，其一个投资项目通常至少10年以上，同时项目的投资额较大。而在这一漫长的过程中，如果东道国的政治环境发生了较大变化，那么其仅能够通过有限的手段预防风险。此种情况下，一旦出现风险，必然会给企业的发展造成较大的影响，其对外直接投资的负面影响将是无法预估的，这也是企业在对外投资中最大的风险隐患所在。因此，较长时间投资协定保护对企业规避政治风险具有重要意义。

8.1.3 建立风险评估预警体系

中国部分企业投资者在参与“一带一路”沿线投资活动前，未充分调查东道国的投资风险，而出现盲目投资的情况。盲目的投资极易给企业带来各种风险。为了规避对外投资风险，中国政府应从评估、预警与监管等各个方面构建完善的风险评估预警体系，帮助企业提前评估风险。该预警监测体系应该由政府主导，引导众多企业共同参与其中。事实上，当前很多国家均已依据实际需要，构建了风险评估预警监测体系。比如，标普信用评级集团、欧洲货币局、商业环境风险情报中心，等等。然而遗憾的是，中国由于各方面的原因，直到当前尚未建立此种风险评估预警机构。如此一来，也就意味着投资企业很难通过正规的渠道获取与投资风险有关的信息，即企业无法度量风险。另外，当前各国机构都是普遍基于学者研究的结果，作为评估指标的依据，显然此种方法难度系数大、工程量大，普通的小企业根本无法胜任相关工作。中国政府应该充分认识到这一实际情况，积极组织相关领域的专家、学者，建立一个相对完善的风险评估预警体系，为这些企业的可持续发展奠定良好的基础。

8.1.4 引导企业积极扩宽投资领域

通过分析中国在“一带一路”投资，不难发现其总体存在如下“两个集中”。其一是集中以东南亚地区为投资目的地；其二是以基础建设、能源等领域为主要投资领域。当前国内企业普遍面临着产能过剩的问题，正积极寻找转型、升级的契机。在此背景下，部分企业为了降产能，契合“一带一路”，直接到东南亚地区投资。显然此种“扎堆”投资的方式很容易引起恶性竞争，不仅不利于企业分散风险，相反地，还会影响企业的投资效率，降低其投资利益。

中国政府应该正视上述问题，鼓励企业开拓投资产业、区域；预防企业间过度竞争；加大企业间的相互合作，共同营造一个良好的投资环境。针对生产同类产品的企业，应注意避免相互间的恶性竞争，而是应该积极合作，共同做好某一项目。通过此种方式在分散投资风险的同时，让双方都能够从中收获好处。在一个产业链中，可集中布局上下游企业，使之形成健全的产业链。此种方式具有诸多优势，比如促进各方共享资源，减少进出口成本、运输成本等，并创造最大化的集群效应。

8.1.5 充分运用政府和社会资本合作（PPP）模式

纵览近年来中国对外投资的实际情况不难发现，从企业的类型上看，普遍为国有企业、央企；另外，这些企业普遍从事诸如基础性建设、能源、开采矿产等相关领域的投资。而这些产业又属于典型的民生建设产业，是东道国较为关注的产业，难免让东道国质疑中国企业投资目的，由此进行阻挠。再就是，中国企业投资的基建项目普遍属于投资大、周期长的项目，此类项目的资金要求大，单个民营企业很难具备这样的实力。因此，中国政府应该积极效仿西方国家推行政府和社会资本合作（PPP）投资模式。即面对基础建设对资金要求较大的问题，由西方政府与社会组织共同合作解决问题。在中国对外投资中，国有企业、私有企业可以通过合作，以合营的模式进入东道国市场，通过此种方式实现风险共担、收益共享。PPP 投资模式能够有效解决资金短缺的问题，同时有助于提高东道国对中国国有企业的认可度，真正实现合作共赢。

8.2 企业层面

8.2.1 投资前做好风险评估，理性投资

在对外直接投资中，企业作为直接参与者，除了具备东道国良好的政策支持及良好的投资环境外，还应该积极提升自我决策水平，改善投资理念，科学地对外开展投资活动。因此，要求企业应该做到深入调查，详细了解东道国各方面的情况，比如，法律制度的健全性、政治风险、经济水平、文化习俗等各个方面的问题，避免盲目跟风，切实做到理性投资。如果企业未能做好评估工作，盲目跟风投资，不充分了解东道国的投资环境，那么必然会影响企业的投资收益。另外，为了减少企业在对外投资中的风险，企业在决定对外投资前，应该积极向经验丰富的企业或者第三方机构请教。总之，只有充分调查评估东道国各项投资风险，全面调研其市场前景、管理模式、技术水平、财务状况，才能实现正确投资。预先深入东道国，科学评估各项风险，并构建完善化的风险防控体系，提前制定有效规避风险的措施或者补救措施，能够在减少由于投资失误而引起的损失的同时，提高对外直接投资的成功率，创造较好的投资效果。

8.2.2 加大力度引入国际优秀人才

分析中国企业对外直接投资失败案例，不难发现，很多企业正是由于不了解东道国的贸易规则、法律法规而导致对外直接投资失败。正如上文实证研究结果显示，中国对“一带一路”沿线国家的对外直接投资过程中，普遍受东道国人力资本水平所影响。从中国企业发展的角度分析，要加大对外直接投资，就必须重视人才问题。而人才匮乏，尤其是匮乏精通各个国家文化的国际管理人才，这正是阻碍中国企业对外直接投资发展的绊脚石。基于此，中国企业应重视国际优秀管理人才的引入，在保证人才的基础上进行对外直接投资。比如，针对中国企业与东道国普遍存在语言不通、不了解东道国文化、法律法规的问题，可聘请当地优秀的人才。聘用当地优秀的管理人才，不仅可解决上述瓶颈问题对中国企业对外直接投资的影响，同时有助于企业快速打开当地市场，充分发挥人才的“人脉”优势；另外，聘请东道国人才更有利于获得东道国政府的支持，这是因为企业聘用东道国人才，相当于间接降低了其国民失业率、提高国民就业水平。充分发挥当地人才的优势，促进双方文化交流，塑造企业自身形象，合作共赢，进而推进两国的经贸往来。

8.2.3 建立多元化、本土化的经营

为了规避东道国政治风险，企业应积极采取本土化经营模式。中国企业应重视与东道国企业的合作，努力获取当地政府的信任，并尽可能地融入东道国的销售、加工、生产、采购等投资环境之中。企业应重视员工培训，努力提高员工对当地文化风俗的了解程度，使其更好地融入东道国环境之中。结合多维度实施多元化经营，比如，构建多元化的投资产业、区域分布、多元化融资，等等。所谓多元化的投资主体，具体指投资企业可选择直接与东道国的企业进行合作获取其特许经营权，双方通过良好的合

作方式实现共负盈亏、共担风险。多元化的融资主要体现在：企业海外子公司可邀请东道国的融资机构一起开展融资活动。通过此种方式，在缓解本企业资金问题的同时，可一定程度向东道国的融资公司转移风险，减少其国家征收、国有化对本国企业的影响，达到降低损失的目的。多元化的投资区域产业具体体现在选择多元化的投资产业，避免过于集中在某一产业进行投资。比如，部分企业看到中东、北非地区拥有较为丰富的资源，所以重点投资这些区域。但是，在投资的过程中过于依赖地区资源，无形中加大企业的投资风险。基于此，企业应重视科技创新，实现高效地利用资源，转变传统的经济发展模式，避免过分依赖东道国投资资源的情况。此外，中国企业还应该在公用事业、娱乐、国家旅游等各个领域加大对“一带一路”沿线各国的投资力度，尽量扩大产业投资范围，控制投资风险。

8.2.4 适当承担社会责任

纵览中国企业对外直接投资情况不难发现，这些企业普遍以获取东道国丰富的资源及先进的技术作为投资目的。另外，企业一般仅会利用母公司服务的附属机构作为外国子公司进行相关投资活动。中国政府牵头引导中国企业对外投资，此种投资存在市场导向性不足的情况。再有，在具体投资活动中，中国企业也一般很少承担社会责任。具体体现在不培养东道国人才资源，不重视当地环境保护，等等。中国企业在未来投资“一带一路”沿线国家时，应结合投资产业的特点以及各国文化差异性，主动承担社会责任，促进双方关系。

中国企业直接从东道国聘用人才一举双得，有助于实现共赢。一方面可充分利用东道国在人力资本方面的优势，减少直接从国内聘用人才的成本；另外一方面有助于解决当地人的就业问题，促进当地人增收。中国企业应加大力度培养当地人才，在具体用工方面应尽量以东道国的用工规范、管理模式为基准，全面保障员工的合法权益。

重视与东道国的沟通（当地人民、政府等）。通过有效地沟通，全面了解东道国的异地风情，特别的风俗习惯、生活特点，等等。投资企业应了解当地的特色，尊重他们对服饰、生活习惯的差异性，以减少双方因为文化差异而产生不好的影响。

当前，中国企业普遍仅在建设基础设施、能源开采、矿产等领域与沿线各国合作，对外直接投资。这就意味着，如果企业不能形成完善的环保措施，那么在双方合作中就会影响东道国的环境。同时，这也会使企业让人产生不负责、掠夺资源的嫌疑。

综上所述，中国企业应注意营造良好的企业形象，在对东道国进行对外直接投资的同时，应加大生态环境保护。此外，投资企业还可通过在当地建立医院、公园、修建学校等方式营造良好的社会形象。总之，企业在对外直接投资活动中，应注意树立良好的形象，无论是用工还是环保方面，都应该充分考虑东道国的实际情况，适当承担责任，只有这样才能给东道国留下好的形象，并规避社会风险。

进入东道国后，企业应确保整个经营期经营合规，遵守东道国的劳工标准、环保要求，妥善处理好上述事宜，避免公共事件的发生，减少政治风险对本国企业发展的不利影响；尤其是资源型企业，更应该重视合规经营，妥善协调东道国严格的规制与行业敏感性高的问题，积极建立公益项目，加大与东道国的联系，缓和矛盾，提高企业的形象；重视政治风险管理，应明确如果企业不能做到合规经营，则有可能引起公共事件，继而造成政治风险，一旦出现此种情况，必然使企业发展受挫，影响企业对外直接投资。

8.2.5 充分利用企业主体的优势

虽然在对外直接投资资源型行业中以国有企业作为主要投资者，会引起东道国的政治歧视。但是不可否认的是，资源型企业更有利于得到中国政府的扶持，另外此类企业一般具有较为丰富的与东道国政府沟通，以及对外投资的经验。

9　结论与展望

本书旨在衡量中国对外直接投资的政治风险分布，并进行国际比较。研究时间为2003~2017年，研究对象涵盖世界153个国家。本书构建世界各国的政治风险指数（PRI），此一过程，完全依照社会科学研究方法的标准作业流程：第一，依据既有理论与文献，找寻最适当的替代指标，确保内容的有效性；第二，利用主成分分析（PCA），客观赋予18个分项指标相对应的权重；第三，进行多项适合度检验，提高实证结果的可信度；第四，检验PRI的构建效度，确认其能充分反映世界各国的政治风险程度。这是本书构建的PRI与既有政治风险评估指标最大不同之处。

本书利用PRI分析世界153个国家的政治风险程度，并进行排序。详尽说明政治风险指数最高、最低，以及改善与恶化最多的前10个国家。同时，本书还测算2003~2017年世界政治风险指数的走势。

本书结合世界各国PRI与中国对外直接投资数据，完整检验2003~2017年中国对外直接投资政治风险程度，建立中国企业对外直接投资政治风险指数（OFDIPRI），并进行国际比较。

政治风险确实阻碍跨国直接投资，而中、美两国外援则适时发挥国际投资公共产品的功能，降低跨国直接投资的政治风险；而且中、美双方都在搭对方外援的便车，差别在于：中国外援促进其他国家跨国直接投资的效果，明显不及美国外援。此外，中、美两国提供国际公共产品，都不是秉持纯粹的利他主义。中国外援是为其企业海外投资布局，而美国则侧重国家安全与全球战略布局。

政治风险阻碍跨国直接投资，中国也不例外，即国际投资体系急需霸权国提供国际公共产品——外援，降低跨国直接投资政治风险。

纯粹经济导向的外援模式，虽赢得多数发展中国家的好感，但却没有直接消除政治风险，以致中国外援促进跨国直接投资的成效仅为美国外援的一半。

中国外援对其企业海外直接投资的贡献率，是对其他国家的7倍之多。相对而言，美国难以通过海外私人投资公司，引导其企业到受援国投资。但总体而言，美国外援对其他国家跨国直接投资的贡献仍较大。

中国企业受惠于自身的外援程度，是美国外援对中国企业贡献的两倍。需说明的是，中国外援旨在巩固与受援国的双边友好关系，保障中国企业的海外投资安全；但倘若东道国政治风险骤升，则中国企业将遭受巨大冲击。

美国外援对中国企业跨国直接投资的贡献较低，只是美国外援对其他国家跨国企业贡献的一半而已。因此，中国需要为其企业海外直接投资搭桥，以避免政治风险。

为了控制和降低对外直接投资的政治风险，政府通常展开两个方面的经济外交行动，分别是外援与投资协议。由于数据不完整以及篇幅限制，本书只分析了外援与对外直接投资、政治风险的关系，没有探讨投资协议与政治风险的关系，这是本书的研究限制所在。另外，文化差异性也是造成对外直接投资政治风险的重要原因，本书没有在文化差异性方面展开论述。这些重要方面，需要作者在后续的研究中继续完善和补充。

参考文献

[1] 曹海涛，叶日崧. 中国大陆公有企业的民营化：中央与地方关系的分析途径 [J]. 中国大陆研究，2010（12）：53.

[2] 陈丙利. 东道国风险与中国对外直接投资的区位选择——基于微观企业数据的实证分析 [J]. 现代管理科学，2015（11）：45–47.

[3] 陈松，刘海云. 东道国治理水平对中国对外直接投资区位选择的影响——基于面板数据模型的实证研究 [J]. 经济与管理研究，2012（06）：71–78.

[4] 陈欣之. 霸权与崛起强权的互动——美国对中国暨印度的策略 [J]. 远景基金会季刊，2011（12）1：1–41.

[5] 陈艳莹，王丽丽. 政府规模 FDI：基于多国面板数据的实证研究 [J]. 中南财经政法大学学报，2009（02）：9–13.

[6] 程惠芳，阮翔. 用引力模型分析中国对外直接投资的区位选择 [J]. 世界经济：2004（11）：23–30.

[7] 邓明. 制度距离、示范效应与中国对外直接投资的区位分布 [J]. 国际贸易问题，2012（02）：123–135.

[8] 杜咏咏. 中国企业对外直接投资政治风险控制研究 [D]. 辽宁大学，2016.

[9] 范馨月. 中国在“一带一路”战略中 OFDI 区位选择研究 [D]. 南京理工大学，2016.

[10] 方英，池建宇. 政治风险对中国对外直接投资意愿和规模的影响——基于实物期权和交易成本的视角 [J]. 经济问题探索，2015（07）：99–106.

[11] 费忠新. 民营企业对外投资的内部控制 [J]. 经济管理，2003（05）：75–77.

[12] 付韶军. 对外直接投资逆向技术溢出与中国技术进步研究——基于“一带一路”沿线 35 国实证检验 [J]. 数学的实践与认识，2018，48（07）：31–42.

[13] 高建刚. 经济一体化、政治风险和第三国效应对中国 OFDI 的影响 [J]. 财贸研究，2011（05）：57–64.

[14] 高伟男. “一带一路”东道国政治风险对中国资源型 OFDI 影响分析 [D]. 东北财经大学，2016.

[15] 郭建中，王国臣. 国际直接投资理论回顾与实验检验：被忽略的投资母国特征

[J]. 人文及社会科学集刊，2015，(27) 1：1–43.
[16] 郭建中，王国臣. 中国对外投资的动机与差异化战略分析 [J]. 中国研究，2013，(56) 4：97–129.
[17] 何帆. 中国对外投资的特征与环境 [J]. 中国金融，2013 (01)：44–46.
[18] 贺仁龙，赵晓康. 中美对外直接投资绩效比较：来自 2008—2015 年的实论分析 [J]. 河南社会科学，2017 (07)：50–56.
[19] 贺娅萍，徐康宁. "一带一路" 沿线国家的经济制度对中国 OFDI 的影响研究 [J]. 国际贸易问题，2018 (01)：92–100.
[20] 胡泊. 中国对外投资的社会政治风险应对——公共外交的社会权利视角 [D]. 北京外国语大学，2016.
[21] 黄河，许雪莹，陈慈钰. 中国企业在巴基斯坦投资的政治风险及管控——以中巴经济走廊为例 [J]. 国际展望，2017 (02)：132–149.
[22] 黄悦琛. 中国对东盟国家直接投资的区位选择研究 [D]. 广西大学，2015.
[23] 江容卿. 投资南亚五国政治风险分析及防范 [J]. 国际工程与劳务，2010 (02)：35–36.
[24] 蒋冠宏，蒋殿春. 中国对外投资的区位选择：基于投资引力模型的面板数据检验 [J]. 世界经济，2012 (9)：21–40.
[25] 李英，于迪. 国际投资政治风险的防范与救济 [M]. 北京：知识产权出版社，2014.
[26] 李友田，李润国，翟玉胜. 中国能源型企业海外投资的非经济风险问题研究 [J]. 管理世界，2013 (05)：1–11.
[27] 梁咏. 中国投资者海外投资法律保障与风险防范 [M]. 北京：法律出版社，2010.
[28] 林芳竹，李孟刚. 中国海外投资风险防控体系研究 [M]. 北京：经济科学出版社，2014.
[29] 刘春雨，熊柴，韩柯子. 中国迈向对外直接投资大国的战略取向 [J]. 中国经济导刊.2013 (2)：24–26.
[30] 刘家松. 企业对外投资决策全过程的内部控制环节与主体 [J]. 上海会计，2003 (8)：6–8.
[31] 刘亦乐，刘双芹. 东道国政治风险对中国在亚洲国家对外直接投资的影响——基于区位选择分析视角 [J]. 商业研究，2015 (8)：102–106.
[32] 鲁明泓. 制度因素与国际直接投资区位分布：一项实证研究 [J]. 经济研究，1999 (7)：58–66.
[33] 罗良文，毕道俊. 我国在 "一带一路" 沿线国家的 OFDI 是否存在政治风险偏好——基于扩展投资引力模型的实证检验 [J]. 财会月刊，2018 (10)：3–10.
[34] 吕婕，向龙斌，唐子仪. 资源异质性、东道国因素与中国企业模式选择 [J]. 中国

地质大学学报（社会科学版），2017（5）：126–134.
[35] 孟醒，董有德. 社会政治风险与中国企业对外直接投资的区位选择［J］. 国际贸易问题，2015（4）：106–115.
[36] 聂名华. 论中国企业对外直接投资的风险防范［J］. 国际贸易，2008（10）：4–8.
[37] 聂名华. 中国企业对外直接投资风险分析［J］. 经济管理，2009（8）：52–56.
[38] 潘晓明. 构建中国企业海外投资保护体系——以日本经验为借鉴［J］. 国际经济合作，2017（09）：61–66.
[39] 祁春凌，邹超. 东道国制度质量、制度距离与中国的对外直接投资区位［J］. 当代财经，2013（07）：100–110.
[40] 邱立成，杨德彬. 中国企业 OFDI 的区位选择——国有企业和民营企业的比较分析［J］. 国际贸易问题，2015（06）：139–147.
[41] 邱奕宏. 军事冲突、政治风险与外来直接投资［J］. 问题与研究，2013（52）1：35–66.
[42] 石泉. 国家政治风险对中国对外直接投资的影响研究——来自 112 个国家的经验证据［D］. 华东理工大学，2014.
[43] 宋冬雪. 政治风险对我国对外直接投资区位选择的影响研究［D］. 江西财经大学，2017.
[44] 宋学文. 从层次分析探讨霸权稳定论：一个国际关系理论演化的研究方法［J］. 问题与研究，2004,（43）2：171–196.
[45] 唐静. 政治风险对中国 OFDI 的影响研究［D］. 湘潭大学，2014.
[46] 田原，李建军. 中国对“一带一路”沿线国家 OFDI 的区位选择［J］. 经济问题探索，2018（01）：79–88.
[47] 投资国家风险评级报告［M］. 北京：中国社会科学出版社，2014.
[48] 王楚楚. 中资企业在印度尼西亚投资的政治风险分析［J］. 中国经贸导刊，2016（2）：7–9.
[49] 王根蓓. 区位优势及双边贸易—文化—政治关联度与中国对外直接投资——基于引力模型与流量面板数据的实证分析［J］. 经济与管理研究，2013（04）：36–44.
[50] 王海军. 政治风险与中国企业对外直接投资［J］. 财贸研究，2012（1）：110–116.
[51] 王红，刘勇，冯山. 东道国政治风险对中国 ODI 区位选择的影响分析［J］. 浙江金融，2017（2）：22–28.
[52] 王建，张宏. 东道国政府治理与中国对外直接投资关系研究——基于东道国面板数据的实证分析［J］. 亚太经济，2011（01）：127–132.
[53] 王胜，田涛. 中国对外直接投资区位选择的影响因素研究——基于国别差异的视角［J］. 世界经济研究，2013（12）：60–86.
[54] 王衍飞，张红霞. 当前中国对外投资战略的国际比较——中美日三国对比研究

［J］. 河南社会科学，2017（07）：43–49.
［55］王永钦，杜巨澜，王凯. 中国对外直接投资区位选择的决定因素：制度、税负和资源禀赋［J］. 经济研究，2014（12）：126–142.
［56］韦军亮，陈漓高. 政治风险对中国对外直接投资的影响——基于动态面板模型的实证研究［J］. 经济评论，2008（4）：106–113.
［57］项本武. 东道国特征与中国对外直接投资的实证研究［J］. 数量经济技术经济研究，2009（07）：33–46.
［58］谢孟军. 政治风险对中国对外直接投资区位选择影响研究［J］. 国际经贸探索，2015（09）：66–80.
［59］徐昕. 政治风险和中国对外直接投资——基于投资动机的视角［D］. 浙江工商大学，2015.
［60］徐雪，谢玉鹏. 我国对外直接投资区位选择影响因素的实证分析［J］. 管理世界，2008（04）：167–168.
［61］杨成平. 我国企业对外直接投资区位选择的影响因素分析［J］. 对外经贸，2009（11）：25–27.
［62］杨娇辉，王伟，王曦. 我国对外直接投资区位分布的风险偏好：悖论还是假象［J］. 国际贸易问题，2015（05）：133–144.
［63］杨远凯. 中国对外直接投资宏观区位选择研究［D］. 南京财经大学，2011.
［64］姚凯，张萍. 中国企业对外投资的政治风险及量化评估模型［J］. 经济理论与经济管理，2012（5）：103–111.
［65］袁其刚，郜晨，闫世玲. 非洲政府治理水平与中国企业 OFDI 的区位选择［J］. 世界经济研究，2018，296（10）：123–136+139.
［66］张金杰. 国家风险的形成、评估及中国对策［J］. 世界经济与政治，2008（03）：58–64.
［67］张萍. 中国企业对外投资的政治风险及管理研究［M］. 上海：上海社会科学院出版社，2012.
［68］张琦. 中国企业对外直接投资风险识别与防范［J］. 国际经济合作，2010（04）：53–56.
［69］张亚斌. “一带一路”投资便利化与中国对外直接投资选择——基于跨国面板数据及投资引力模型的实证研究［J］. 国际贸易问题，2016（09）：165–176.
［70］张艳辉等. 国家政治风险对中国对外直接投资的影响研究——来自 112 个国家的经验证据［J］. 投资研究，2016（2）：19–30.
［71］张雨，戴翔. 政治风险影响了我国企业“走出去”吗［J］. 国际经贸探索，2013，29（5）：84–93.
［72］张远鹏，杨勇. 中国对外直接投资区位选择的影响因素分析［J］. 世界经济与政治

论坛，2010（12）：34-46.

［73］赵春明，吕洋．中国对东盟直接投资影响因素的实证分析［J］．亚太经济，2011（1）：111-116.

［74］赵春明，何燕．从国际经验看中国对外直接投资的产业和区位选择［J］．世界经济，2002（5）：38-41.

［75］赵明亮．国际投资风险因素是否影响中国在“一带一路”国家的OFDI——基于扩展投资引力模型的实证检验［J］．国际经贸探索，2017（02）：30-44.

［76］周经，洪静，王馗．政治风险、经济援助与中国对非洲直接投资——基于跨国面板数据的实证研究［J］．现代经济探讨，2018，438（06）：57-65.

［77］宗芳宇，路江涌，武常岐．双边投资协定、制度环境和企业对外直接投资区位选择［J］．经济研究，2012，47（05）：71-82+146.

［78］Agliardi E，Agliardi R，Pinar M，et al. A new country risk index for emerging markets：A stochastic dominance approach［J］. Journal of Empirical Finance，2012，19（5）：741-761.

［79］Alesina A，Weder B . Do Corrupt Governments Receive Less Foreign Aid?［J］. American Economic Review，2002，92（4）：1126-1137.

［80］Alon I，Gurumoorthy R，Mitchell M C，et al. Managing micropolitical risk：A cross - sector examination［J］. Thunderbird International Business Review，2006，48（5）：20.

［81］Alon I，Herbert T T . A stranger in a strange land：Micro political risk and the multinational firm［J］. Business Horizons，2009，52（2）：0-137.

［82］Alon J C C L I，Zhang J，Jiang J，et al. Diplomacy and investment - the case of China［J］. International Journal of Emerging Markets，2014，9（2）：216-235.

［83］Amighini A A，Rabellotti R，Sanfilippo M. Do Chinese state-owned and private enterprises differ in their internationalization strategies?［J］. China Economic Review，2013，27（4）：312-325.

［84］Asiedu E，Jin Y，Nandwa B . Does Foreign Aid Mitigate the Adverse Effect of Expropriation Risk on Foreign Direct Investment?［J］. SSRN Electronic Journal，2008，78（2）：268-275.

［85］Bandyopadhyay S，Sandler T，Younas J . Foreign direct investment，aid，and terrorism［J］. Oxford Economic Papers，2014，66（1）：25-50.

［86］Bearce D H，Tirone D C . Foreign Aid Effectiveness and the Strategic Goals of Donor Governments［J］. The Journal of Politics，2010，72（03）：837-851.

［87］Bekaert G，Harvey C R，Lundblad C T，et al. Political risk spreads［J］. Journal of International Business Studies，2014，45（4）：471-493.

[88] Blomkvist K, Drogendijk R . The Impact of Psychic Distance on Chinese Outward Foreign Direct Investments [J]. Management International Review, 2013, 53 (5): 659–686.

[89] BRESLIN, SHAUN. China and the global order: signalling threat or friendship? [J]. International Affairs, 2013, 89 (3): 615–634.

[90] Brouthers, Keith D . A retrospective on: Institutional, cultural and transaction cost influences on entry mode choice and performance [J]. Journal of International Business Studies, 2013, 44 (1): 14–22.

[91] Buckley P J, Cross A R, Tan H, et al. Historic and Emergent Trends in Chinese Outward Direct Investment [J]. Management International Review, 2008, 48 (6): 715–748.

[92] Buckley P J, Clegg L J, Cross A R, et al. Erratum: The determinants of Chinese outward foreign direct investment [J]. Journal of International Business Studies, 2007, 38 (4): 499–518.

[93] Busse M, Hefeker C . Political risk, institutions and foreign direct investment [J]. European Journal of Political Economy, 2007, 23 (2): 397–415.

[94] Callahan W A . Chinese Visions of World Order: Post–hegemonic or a New Hegemony? [J]. International Studies Review, 2008, 10 (4): 749–761.

[95] Campbell H . China in Africa: Challenging US Global Hegemony [J]. Third World Quarterly, 2008, 29 (1): 89–105.

[96] Chang S J, Rosenzweig P M . The choice of entry mode in sequential foreign direct investment [J]. Strategic Management Journal, 2001, 22 (8): 747–776.

[97] Cheung Y W, Qian X . The Empirics of China's Outward Direct Investment [J]. CESifo Working Paper Series, 2009, 14 (3): 312–341.

[98] Child J, Marinova S. The Role of Contextual Combinations in the Globalization of Chinese Firms [J]. Management & Organization Review, 2014, 10 (3): 347–371.

[99] Chinn M, Frankel J A . Why the Euro Will Rival the Dollar [J]. International Finance, 2010, 11 (1): 49–73.

[100] Chinn M D, Ito H . A New Measure of Financial Openness [J]. Journal of Comparative Policy Analysis: Research and Practice, 2008, 10 (3): 309–322.

[101] Clark I . China and the United States: a succession of hegemonies? [J]. International Affairs, 2011, 87 (1): 13–28.

[102] Cuervo–Cazurra A, Genc M . Transforming disadvantages into advantages: developing–country MNEs in the least developed countries [J]. Journal of International Business Studies, 2008, 39 (6): 957–979.

[103] Cuervo–Cazurra A, Inkpen A, Musacchio A, et al. Governments as owners: State–owned multinational companies [J]. Journal of International Business Studies, 2014,

45（8）：919–942.

[104] Cui L，Jiang F . Ownership decisions in Chinese outward FDI：An integrated conceptual framework and research agenda [J]. Asian Business & Management，2009，8（3）：301–324.

[105] Cui L，Jiang F. State Ownership Effect on Firms' FDI Ownership Decisions Under Institutional Pressure：A Study of Chinese Outward–Investing Firms [J]. Journal of International Business Studies，2012，43（3）：264–284.

[106] Daude C，Stein E . The Quality of Institutions and Foreign Direct Investment [J]. Economics & Politics，2010，19（3）：317–344.

[107] Delios H A . Uncertainty，Imitation，and Plant Location：Japanese Multinational Corporations，1990–1996 [J]. Administrative Science Quarterly，2001，46（3）：443–475.

[108] Deng P . Chinese Outward Direct Investment Research：Theoretical Integration and Recommendations [M]. Management and Organization Review，2013.

[109] Donaubauer，Julian. Does foreign aid really attract foreign investors? New evidence from panel cointegration [J]. Applied Economics Letters，2014，21（15）：1094–1098.

[110] Dreher，Axel. Does globalization affect growth? Evidence from a new index of globalization [J]. Applied Economics，2006，38（10）：1091–1110.

[111] Duanmu J，Guney Y . A Panel data analysis of locational determinants of outward Foreign Direct Investment from China and India [J]. Social Science Electronic Publishing，2009，3（2）：1–15.

[112] Duanmu J L . Firm heterogeneity and location choice of Chinese Multinational Enterprises（MNEs）[J]. Journal of World Business，2012，47（1）：64–72.

[113] Duanmu J L . State–owned MNCs and host country expropriation risk：The role of home state soft power and economic gunboat diplomacy [J]. Journal of International Business Studies，2014，45（8）：1044–1060.

[114] Dunning，John H. Location and the Multinational Enterprise：A Neglected Factor? [J]. Journal of International Business Studies，2009，40（1）：5–19.

[115] Eaton J，Gersovitz M，Stiglitz J E . The pure theory of country risk [J]. European Economic Review，1986，30（3）：0–513.

[116] Enderwick P，Alon I，Alon I . Viewpoint：，Escape FDI from Emerging Markets：Clarifying and Extending the Concept [J]. International Journal of Emerging Markets，2017，12（3）：418–426.

[117] Fields D，Vernengo，Mat í as. Hegemonic currencies during the crisis：The dollar versus the euro in a Cartalist perspective [J]. Review of International Political

Economy, 2013, 20 (4): 740–759.

[118] Flores R G, Aguilera R V . Globalization and location choice: An analysis of US multinational firms in 1980 and 2000 [J]. Journal of International Business Studies, 2007, 38 (7): 1187–1210.

[119] Friedberg A L . The Future of U.S.–China Relations: Is Conflict Inevitable? [J]. International Security, 2005, 30 (2): 7–45.

[120] Frynas J G, Mellahi K . Political Risks as Firm–Specific (Dis) Advantages: Evidence on Transnational Oil Firms in Nigeria [J]. Thunderbird International Business Review, 2003, 45 (5): 541–565.

[121] Gao L, Liu X, Lioliou E . A double–edged sword: the impact of institutions and political relations on the international market expansion of Chinese state–owned enterprises [J]. Journal of Chinese Economic and Business Studies, 2015, 13 (2): 105–125.

[122] Garriga A C, Phillips B J . Foreign Aid as a Signal to Investors: Predicting FDI in Post–Conflict Countries [J]. Social Science Electronic Publishing, 2014, 58 (2): 280–306.

[123] Gill B, Reilly J . The Tenuous Hold of China Inc. in Africa [J]. The Washington Quarterly, 2007, 30 (3): 37–52.

[124] Globerman S, Shapiro D . Economic and strategic considerations surrounding Chinese FDI in the United States [J]. Asia Pacific Journal of Management, 2009, 26 (1): 163–183.

[125] Goldstein A . The Diplomatic Face of China's Grand Strategy: A Rising Power's Emerging Choice [J]. China Quarterly, 2001, 168 (168): 835–864.

[126] Gr é pin, Karen A, Fan V Y, Shen G C, et al. China' s role as a global health donor in Africa: what can we learn from studying under reported resource flows? [J]. Globalization and Health, 2014, 10 (1): 84.

[127] Gunitsky S . From Shocks to Waves: Hegemonic Transitions and Democratization in the Twentieth Century [J]. Social Science Electronic Publishing, 2014, 68 (3): 561–597.

[128] Guo J J, Wang G C, Tung C H . Do China' s Outward Direct Investors Prefer Countries with High Political Risk? An International and Empirical Comparison [J]. China & World Economy, 2014, 22 (6): 22–43.

[129] Han, J., Chu, X.Y. and Li, K. China' s ODI motivations, political risk, institutional distance and location choice [J]. Theoretical Economics Letters, 2014, 4 (7): 540–547.

[130] Hannan M . Structural Inertia and Organizational Change [J]. American Sociological

Review, 1984, 49 (2): 149-164.

[131] Hannan M T, Freeman J. The Population Ecology of Organizations [J]. American Journal of Sociology, 1977, 82 (5): 929-964.

[132] Haunschild P R, Miner A S. Modes of Interorganizational Imitation: The Effects of Outcome Salience and Uncertainty [J]. Administrative Science Quarterly, 1997, 42 (3): 472-500.

[133] Haveman H A. Follow the Leader: Mimetic Isomorphism and Entry Into New Markets [J]. Administrative Science Quarterly, 1993, 38 (4): 593-627.

[134] Hayakawa K, Kimura F, Lee H H. How Does Country Risk Matter for Foreign Direct Investment? [J]. The Developing Economies, 2013, 51 (1): 60-78.

[135] Hemphill, Thomas A. The Political Economy of Globalism in South America: Strategic Implications for Foreign Direct Investment [J]. Competition & Change, 2008, 12 (3): 287-303.

[136] Hertenstein P, Sutherland D, Anderson J. Internationalization within networks: Exploring the relationship between inward and outward FDI in China' s auto components industry [J]. Asia Pacific Journal of Management, 2017, 34 (1): 69-96.

[137] Hobdari B, Gammeltoft P, Li J, et al. The home country of the MNE: The case of emerging economy firms [J]. Asia Pacific Journal of Management, 2017, 34 (1): 1-17.

[138] Huang Y, Xie E, Li Y, et al. Does state ownership facilitate outward FDI of Chinese SOEs? Institutional development, market competition, and the logic of interdependence between governments and SOEs [J].International Business Review, 2017, 26 (1): 176-188.

[139] Hur J, Parinduri R A, Riyanto Y E. Cross-border M&A Inflows and Qulity of Country Governance: Developing Versus Developed Countries [J]. Pacific Economic Review, 2011, 16 (5): 638-655.

[140] Ikenberry, John G. American hegemony and East Asian order [J]. Australian Journal of International Affairs, 2004, 58 (3): 353-367.

[141] Im K. Testing for unit roots in heterogeneous panels [J]. Journal of Econometrics, 2003, 115 (1): 53-74.

[142] Inoue C F K V, Lazzarini S G, Musacchio A. Leviathan as a Minority Shareholder: Firm-Level Implications of State Equity Purchases [J]. Academy of Management Journal, 2013, 56 (6): 1775-1801.

[143] Jain N K, Kothari T, Kumar V. Location Choice Research: Proposing New Agenda[J]. Management International Review, 2016, 56 (3): 303-324.

[144] Jansen, Karen J . From Persistence to Pursuit: A Longitudinal Examination of Momentum During the Early Stages of Strategic Change [J]. Organization Science, 2004, 15 (3): 276–294.

[145] Jay V W, Anil L . Risk and FDI flows to developing countries [J]. South African Journal of Economic and Management Sciences, 2011, 11 (4): 511–527.

[146] Jensen N . Political Risk, Democratic Institutions, and Foreign Direct Investment [J]. The Journal of Politics, 2008, 70 (04): 13.

[147] Jiang G F, Holburn G L F, Beamish P W . The Impact of Vicarious Experience on Foreign Location Strategy [J]. Journal of International Management, 2014, 20 (3): 345–358.

[148] Jim é nez A, Fuente D D L. Learning from Others: the Impact of Vicarious Experience on the Psychic Distance and FDI Relationship [J]. Management International Review, 2016, 56 (5): 633–664.

[149] Jim é nez, Alfredo, Luis–Rico I, Benito–Osorio D . The influence of political risk on the scope of internationalization of regulated companies: Insights from a Spanish sample[J]. Journal of World Business, 2014, 49 (3): 301–311.

[150] Jinjarak Y . Foreign direct investment and macroeconomic risk [J]. Journal of Comparative Economics, 2007, 35 (3): 0–519.

[151] Johanson J, Vahlne J E . The Uppsala internationalization process model revisited: From liability of foreignness to liability of outsidership [J]. Journal of International Business Studies, 2009, 40 (9): 1411–1431.

[152] Juhl P . Economically Rational Design of Developing Countries' Expropriation Policies Towards Foreign Investment [J]. Management International Review, 1985, 25 (2): 44–52.

[153] Kang S J, Lee H, Park B . Does Korea follow Japan in foreign aid? Relationships between aid and foreign investment [J]. Japan & the World Economy, 2011, 23 (1): 19–27.

[154] Kang Y, Jiang F . FDI location choice of Chinese multinationals in East and Southeast Asia: Traditional economic factors and institutional perspective [J]. Journal of World Business, 2012, 47 (1): 45–53.

[155] Kedia B, Gaffney N, Clampit J . EMNEs and Knowledge–seeking FDI [J]. Management International Review, 2012, 52 (2): 155–173.

[156] Kennedy, Andrew B . China and the Free–Rider Problem: Exploring the Case of Energy Security [J]. Political Science Quarterly, 2015, 130 (1): 27–50.

[157] Khanna T, Kogan J, Palepu K . Globalization and Similarities in Corporate Governance:

A Cross-Country Analysis [J]. Review of Economics and Statistics, 2006, 88 (1): 69-90.

[158] Kim J U, Aguilera R V. Foreign Location Choice: Review and Extensions [J]. International Journal of Management Reviews, 2016, 18 (2): 133-159.

[159] Kimura H, Todo Y. Is Foreign Aid a Vanguard of Foreign Direct Investment? A Gravity-Equation Approach [J]. World Development, 2010, 38 (4): 482-497.

[160] Kline R, Kline R B, Kline R. Principles and Practice of Structural Equation Modelling [J]. Journal of the American Statistical Association, 2011, 101 (12).

[161] Kobrin S J. Political assessment by international firms: Models or methodologies? [J]. Journal of Policy Modeling, 2006, 3 (2): 251-270.

[162] Kobrin S J. Political Risk: A Review and Reconsideration [J]. Journal of International Business Studies, 1979, 10 (1): 67-80.

[163] Kogut B, Nath R. The Effect of National Culture on the Choice of Entry Mode [J]. Journal of International Business Studies, 1988, 19 (3): 411-432.

[164] Kolstad I, Wiig A. What determines Chinese outward FDI? [J]. Journal of World Business, 2012, 47 (1): 26-34.

[165] Li J, Li P, Wang B. Do cross-border acquisitions create value? Evidence from overseas acquisitions by Chinese firms [J]. International Business Review, 2016, 25 (4): 471-483.

[166] Li J, Newenham-Kahindi A, Shapiro D M, et al. The Two-Tier Bargaining Model Revisited: Theory and Evidence from China's Natural Resource Investments in Africa [J]. Global Strategy Journal, 2013, 3 (4): 300-321.

[167] Li X, Banik D, Tang L, et al. Difference or Indifference: China' s Development Assistance Unpacked [J]. IDS Bulletin, 2014, 45 (4): 22-35.

[168] Liu X, Lu J, Chizema A. Top executive compensation, regional institutions and Chinese OFDI [J]. Journal of World Business, 2014, 49 (1): 143-155.

[169] Lu J, Liu X, Wright M, et al. International experience and FDI location choices of Chinese firms: The moderating effects of home country government support and host country institutions [J]. Journal of International Business Studies, 2014, 45 (4): 428-449.

[170] Lu J W. Intra- and Inter-Organizational Imitative Behavior: Institutional Influences on Japanese Firms' Entry Mode Choice [J]. Journal of International Business Studies, 2002, 33 (1): 19-37.

[171] Luo Y. Determinants of Entry in an Emerging Economy: A Multilevel Approach [J]. Journal of Management Studies, 2001, 38 (3): 443-472.

[172] Luo Y, Tung R L . International expansion of emerging market enterprises: A springboard perspective [J]. Journal of International Business Studies, 2007, 38 (4): 481–498.

[173] Luo Y, Wang S L . Foreign direct investment strategies by developing country multinationals: A diagnostic model for home country effects [J]. Global Strategy Journal, 2012, 2 (3): 244 - 261.

[174] Lv P, Spigarelli F . The determinants of location choice [J]. International Journal of Emerging Markets, 2016, 11 (3): 333–356.

[175] Mathews J A . Competitive Advantages of the Latecomer Firm: A Resource–Based Account of Industrial Catch–Up Strategies [J]. Asia Pacific Journal of Management, 2002, 19 (4): 467–488.

[176] Mckinnon R I . China in Africa: The Washington Consensus versus the Beijing Consensus [J]. International Finance, 2011, 13 (3): 495–506.

[177] Mendel D H. Behind ownership decision of Chinese outward FDI [J]. Asia Pacific Journal of Management, 2010, 27 (4): 751–774.

[178] Meyer J W, Rowan B . Institutionalized Organizations: Formal Structure as Myth and Ceremony [J]. American Journal of Sociology, 1977, 83 (2): 340–363.

[179] Meyer K E, Estrin S, Bhaumik S K, et al. Institutions, resources, and entry strategies in emerging economies [J]. Strategic Management Journal, 2009, 30 (1): 61–80.

[180] MIGA. World Investment and Political Risk 2013 [M]. Washington, D.C.: World Bank, 2014.

[181] Neumayer E . Is Good Governance Rewarded? A Cross–National Analysis of Debt Forgiveness [J]. World Development, 2002, 30 (6): 913–930.

[182] Norrlof, Carla. Dollar hegemony: A power analysis [J]. Review of International Political Economy, 2014, 21 (5): 1042–1070.

[183] O' Neill, Daniel. Playing Risk: Chinese Foreign Direct Investment in Cambodia [J]. Contemporary Southeast Asia, 2014, 36 (2): 173–205.

[184] OECD. OECD Economic Surveys. Paris: Organisation for Economic Co–operation and Development, 2015.

[185] Pangarkar N, Yuan L . Location in Internationalization Strategy: Determinants and Consequences [J]. Multinational Business Review, 2009, 17 (2): 37–68.

[186] Peng L M W . Learning to Compete in a Transition Economy: Experience, Environment, and Performance [J]. Journal of International Business Studies, 1999, 30 (2): 269–295.

[187] Pierre–Guillaume M é on, Sekkat K . FDI Waves, Waves of Neglect of Political Risk[J].

World Development, 2012, 40 (11): 2194–2205.

[188] Quer D, Claver E, Rienda L . Chinese Outward Foreign Direct Investment: A Review of Empirical Research [J]. Frontiers of Business Research in China, 2015, 9 (3): 326–370.

[189] Quer D, Claver E, Rienda L. Political risk, cultural distance, and outward foreign direct investment: empirical evidence from large Chinese firms [J]. Asia Pacific Journal of Management, 2012, 29 (4): 1089–1104.

[190] Qunyong X . Inward joint venture experience and entry mode choice of Chinese firms abroad: The moderating roles of CEO power [J]. International Journal of Emerging Markets, 2017, 12 (3): 488–507.

[191] Ramasamy B, Yeung M, Laforet S . China' s outward foreign direct investment: Location choice and firm ownership [J]. Journal of World Business, 2012, 47 (1): 17–25.

[192] Reilly, James. China and Japan in Myanmar: Aid, Natural Resources and Influence[J]. Asian Studies Review, 2013, 37 (2): 141–157.

[193] Reisen H . Will the AIIB and the NDB Help Reform Multilateral Development Banking? [J]. EconStor Open Access Articles, 2015, 6 (3): 297–304.

[194] Renminbi Internationalization: Progress, Prospect and Comparison [J]. China & World Economy, 2012, 20 (5): 63 - 82.

[195] Rice C. Promoting the National Interest [J]. Foreign Affairs, 2000, 79 (1): 45–62.

[196] Rich G, Mahmoud E . Political risk forecasting by Canadian firms [J]. International Journal of Forecasting, 1990, 6 (1): 89–102.

[197] Rigdon, Edward E . A Necessary and Sufficient Identification Rule for Structural Models Estimated in Practice [J]. Multivariate Behavioral Research, 1995, 30 (3): 359–383.

[198] Roy D . China's reaction to American predominance [J]. Survival, 2003, 45 (3): 57–78.

[199] Rudy B C, Miller S R, Wang D . Revisiting FDI Strategies and the Flow of Firm–Specific Advantages: A Focus on State–Owned Enterprises [J]. Global Strategy Journal, 2016, 6 (1): 69–78.

[200] Sato, Jin et al.Emerging Donors from a Recipient Perspective: An Institutional Analysis of Foreign Aid in Cambodia [J].World Development, 2011, 39 (12): 2091–2104.

[201] Savun B, Tirone D C . Foreign Aid, Democratization, and Civil Conflict: How Does Democracy Aid Affect Civil Conflict? [J]. American Journal of Political Science, 2011, 55 (2): 233–246.

[202] Schauer, F. The Political Risks (if any) of Breaking the Law [J]. Journal of Legal Analysis, 2012, 4 (1): 83-101.

[203] Schneider F, Frey B S. Economic and political determinants of foreign direct investment [J]. World Development, 1985, (132): 161-175.

[204] Selaya P, Sunesen E R. Does Foreign Aid Increase Foreign Direct Investment? [J]. World Development, 2012, 40 (11): 2155-2176.

[205] Shapiro G D. Governance Infrastructure and US Foreign Direct Investment [J]. Journal of International Business Studies, 2003, 34 (1): 19-39.

[206] Shepotylo, Oleksandr. Spatial complementarity of FDI: the example of transition countries [J]. Post-Communist Economies, 2012, 24 (3): 327-349.

[207] Simon, Jeffrey D. A Theoretical Perspective on Political Risk [J]. Journal of International Business Studies, 1984, 15 (3): 123-143.

[208] Song L 1. State-owned Enterprises' Outward Investment and the Structural Reform in China [J]. China & World Economy, 2011, 19 (4): 38-53.

[209] Sun S L, Peng M W, Lee R P, et al. Institutional open access at home and outward internationalization [J]. Journal of World Business, 2015, 50 (1): 234-246.

[210] Tan D, Meyer K E. Country-of-origin and industry FDI agglomeration of foreign investors in an emerging economy [J]. JOURNAL OF INTERNATIONAL BUSINESS STUDIES, 2011, 42 (4): 504-520.

[211] USAID. U.S. Overseas Loans and Grants.Washington, D.C.: U.S., 2013.

[212] USAID.U.S. Annual Assistance Report. Washington, D.C.: U.S.Agency for lnternational Development, 2014.

[213] Voss H, Buckley P J, Cross A R. The Impact of Home Country Institutional Effects on the Internationalization Strategy of Chinese Firms [J]. Multinational Business Review, 2014, 18 (3): 25-48.

[214] Wang C, Hong J, Kafouros M, et al. Exploring the role of government involvement in outward FDI from emerging economies [J]. Journal of International Business Studies, 2012, 43 (7): 655-676.

[215] Wu J, Chen X. Home country institutional environments and foreign expansion of emerging market firms [J]. International Business Review, 2014, 23 (5): 862-872.

[216] Xie Z, Li J. Selective imitation of compatriot firms: Entry mode decisions of emerging market multinationals in cross-border acquisitions [J]. Asia Pacific Journal of Management, 2017, 34 (1): 47-68.

[217] Yang Y, Yang X, W. Doyle B. The location strategy and firm value creation of Chinese multinationals [J]. Multinational Business Review, 2013, 21 (3): 232-256.

[218] Yescombe E R. Chapter 10 - Political Risks [J]. Principles of Project Finance, 2002, 13 (4): 203-216.

[219] Yuan L, Pangarkar N. Inertia versus mimicry in location choices by Chinese multinationals [J]. International Marketing Review, 2010, 27 (3): 295-315.

[220] Yuan T. Diploma Serves Diplomacy: China's "Donor Logic" in Educational Aid [J]. China An International Journal, 2014, 12 (2): 87-109.

[221] Zaheer, S.Overcoming the liability of foreignness [J]. Academy of Management Journal, 1995, 38 (2): 341-363.

[222] Zheng Y, Yan D, Ren B. Institutional distance, firm heterogeneities, and FDI location choice of EMNEs [J]. Nankai Business Review International, 2016, 7 (2): 192-215.

致 谢

本书是在我的博士学位论文基础上修改而成的。我的博士学位论文是在我的导师、对外经济贸易大学姚新超教授悉心指导下完成的。在对外经济贸易大学攻读博士学位的6年时间里，姚老师对我的学术和科研生活倾注了大量时间和心血。姚老师日理万机但仍然不厌其烦地在写作思路、宏观经济和对外投资研究方面对我进行指点，科研压力巨大却依旧乐于分享自己的生活智慧和科研经验，点点滴滴都让学生受用终身。姚老师为人正直、治学严谨、实事求是、心胸豁达，对现实生活和学术理想之间的平衡关系理解深刻，在科研探索上认真敬业充满活力。在6年的学习生活中，从来没有来自导师的严厉批评但时刻感到导师的威严；他为我提供了各种锻炼、学习和交流的机会；更在百忙之中对我的毕业论文进行悉心的订正和指导，这一切都令我感激不尽。值此书稿出版之际，再次向姚老师表示诚挚的感谢！

感谢对外经济贸易大学为莘莘学子提供如此清静、安宁的学习环境，诚信楼前“博学　诚信　求索　笃行”的校训将成为我今后的座右铭，图书馆内朝八晚十的节奏将陪伴我走进下一个阶段的人生历程。

感谢贸大授课于我的每一位老师，殷晓鹏老师、白树强老师、冷柏军老师、施丹老师、陈欣老师、刘园老师、李明老师、王健老师、曾立新老师、魏铁梅老师、朱明侠老师等，他们都是令人敬佩、致学终身的优秀科研和教育工作者。感谢国际经济贸易学院和研究生院在各项培养环节中给予我帮助的各位老师，曾明月老师、张静娟老师、郭倩老师等，他们都是对学生工作细致认真、情智兼备的益友良师。

博士学习期间，还得到了师兄、师姐和同学们的帮助，感谢李欣、左宗文、杨学坤、张晓微、昝丙艳、徐哲潇、王均山、聂文慧、费娇艳、吕谊真、王皓等各位同学。

感谢北京服装学院的各位领导和老师！在6年的读博期间，得到了北京服装学院商学院历任院长、书记和国际贸易教研室老师的支持和帮助，感谢宁俊教授、李晓慧教授、牛继舜教授、赵洪珊教授、席阳教授、殷文生老师、张宏娜老师、崔敏老师、梁宇老师，感谢郭燕老师、郝淑丽老师、刘宝成老师、姚蕾老师、卢安老师、杨楠楠老师、李敏老师、王洁老师、索珊老师，正是由于他们无私的支持和鼓励，我才能排除万难、顺利博士毕业。

感谢经济日报出版社的各位领导和老师！本书的出版得到了出版社各位领导和老师的大力支持，尤其是王含老师，王老师不辞辛苦，在书稿的出版过程中给予了非常耐心和细致的指导，这充分体现了经济日报出版社对青年教师培养的无私支持和帮助！

最后，我要感谢我的家人，感谢你们的理解、支持和疼爱，最近几年大部分时间都在忙于工作和博士学位论文，很少有时间陪伴你们，在此表示歉意，我爱你们！

丁　锋

2021年12月